Steelcase
BOSS

べしゃる
森田まさのり
漢画家

集英社

全撮影◎タカハシアキラ

はじめに

名前負けとはこのことだと思います。

『べしゃる漫画家』などという大それたタイトルを冠するこの本ですが、著者である僕は〝べしゃること〟が苦手なのです。〈テレビにも出てしゃべってるくせになにを言うんだ!〉と的確なツッコミをしてくれる読者もいるかもしれませんが、本当に苦手なのです。それは僕が理想とする(と、言うと偉そうに聞こえて語弊があるのですが)べしゃりのレベルが芸人さんにあるからかもしれません。

僕は自分の職業である「漫画家」と同じぐらい「芸人」を尊敬しています。M-1グランプリ予選に出場したのも、あの世界のリアルとシビアさを少しでも体験したかったからでした。

僕は〝べしゃること〟が苦手です。下手くそです。でも、だからこそを話そうと決めました。芸人さんのようにうまく話せない自分を隠すことなく、下手なりに誠実に、漫画家になるまでの道のりや、それぞれの作品に込めた想いや裏側を語らせていただきました。

『べしゃる漫画家』。

〝お耳〟を拝借できれば幸いです。

目次

漫画をべしゃる

20時間35000字インタビュー

Part 1

森田まさのりは、王道の漫画家である。

少年誌の王様「週刊少年ジャンプ」を長らく主戦場とし、
連載デビュー作『ろくでなしBLUES』は累計発行部数5000万部超え。

続く『ROOKIES』は実写化もされ、映画化興行収入85億円を記録した。

最新作『べしゃり暮らし』はライフワークとなり、この夏のドラマ化も話題となっている。

なのに、インタビューに答える王道漫画家は、コンプレックスを口にする。

いわく、「絵が苦手」「薄っぺらい人間」である、と。

なぜ、森田まさのりは、かくも自虐的なのか？　あるいは向上心の裏返しなのか？

先述3作品が生まれた背景から、「お寺の子」という出自、M-1予選出場の裏側まで。

漫画と漫画に捧げた人生を、森田まさのりが、べしゃる！

——まずは**『べしゃり暮らし』**（※1）のはじまりについて。**『ROOKIES』のコミックス17巻**（※2）の作者コメント欄に「ぼくはいつかそんな、笑いとは何かを追求していく人の話を描きたいと思っている」とすでに書かれています。2001年のことでした。

森田　そうなんです。でも、その想いって実はもっと早くて、1997年に**『ろくでなしBLUES』**（※3）が終わってすぐ、本当は芸人さんの物語を描きたかったんです。ところが、茨木さんという「週刊少年ジャンプ」（以下、「ジャンプ」）の当時の副編集長に……この人は僕の漫画家としての大恩人なのですが……「ダメ」と2文字で却下されてしまいまして（笑）。「ジャンプ」には連載会議というのがあって、ふつうは3話分のネームを描いて提出するんですね。その会議に通ると晴れて連載となるんですけど、会議にまわる前に茨木さんから却下されて。

——ネームとは漫画の設計図のようなもので、作家によって描き込み度合いは異なりますが、コマ割りとセリフが描かれている漫画の命のようなものですよね。

森田　そう、その命のようなものを、こっちは気合が入ってるから、担当編集者と打ち合わせを重ねて5話分も描いたんですよ。タイトルは、『サボテンミサイル』だったと思います。で、「とりあえず、ネームだけでも読んでください」と茨木さんに、もう一度頼んだんですけど、やっぱりダメで。その理由は、「お笑いは絶対に漫画では無理だ」と。僕は「できます！」と答えたんですけど「お笑いの漫画なんてないでしょ？　なんでないかわかる？　できないからだよ」って。茨木さんが言いたいことはわかったんです。漫才を文字で再現したって笑えないですよね？　それと同じで漫画でお笑いを表現することは難しい。でも、僕が描きたかったのは、そこじゃなかった。その漫画で笑いをとりたいわけではなくて、昔から憧れていた芸人という存在のかっこよさと、その世界のシビアさにドラマがないわけがない。しかも、まだ誰も描いてい

※1　2005年より「週刊少年ジャンプ」にて連載開始。自称「学園の爆笑王」上妻圭右が、漫才を通して成長していく姿を描く。

※2　新米熱血教師と不良高校生が甲子園を目指す。1998年より「週刊少年ジャンプ」にて連載。ドラマ&映画化もされ大ヒット作に。

※3　主人公・前田太尊を中心とする青春不良少年群像劇。1988年より約9年間にわたって「週刊少年ジャンプ」で連載された。

ないジャンルというのが魅力的でした。それでも、茨木さんはピンとこなかったようで、「じゃあ、もう1本ハードなやつを描いたあとだったらいいよ」と。

——その2本目のハードなやつが大ヒット作の『ROOKIES』なわけですが、茨木さんの言葉を聞いて、当時の森田さんは？

森田　嫌でした。嫌で嫌で、『ROOKIES』のはじまりなんて、全然のり気じゃなかったですから。

——意外です。なぜ嫌だったのですか？

森田　『ろくでなしBLUES』の二番煎じを求められていると感じてしまったからです。でも、結果的に茨木さんの判断が大正解だったんですけどね。当時30歳の僕では、いま描けている『べしゃり暮らし』の世界観は無理でしたから。でもねぇ、僕も当時は若いでしょ？　だから、いきなり『ROOKIES』とはならずに、増田さんという担当編集者と相談して、けっこうあがいた記憶があります。ハードというのなら、少年院の物語を描こうだとか、魚が主人公の『ハゼドン』みたいな漫画はどうだろうとか。実際に『ハゼドン』という、ほのぼのとしたアニメ作品が1970年代に放送されていたんですけど。

——少年院のお話はともかく、『ハゼドン』って、ちっともハードじゃなくないですか？

森田　そう思いますよね。でも、のちに**つの丸が描いた『サバイビー』**（※4）のような、ハードというかシリアスな魚モノをイメージしていたんですよ。魚モノって、そんな漫画のジャンルは一切ないんだけど（笑）。

——意外だった『ROOKIES』のはじまりはあとでお聞きするとして、気になるのは『べしゃり暮らし』連載開始（2005年）までの道のりです。連載前に**『柴犬』**（2004年）**『スベルヲイトワズ』**（2005年）（※5）という芸人を主人公とする短編を描かれています。

森田　『柴犬』は芸人さんの話を描こうとは決めていたんですけど、どういう話かは定まっていなくて、松竹（芸能）さんに取材をさせてもらったんです。いま思うとひどいお願い

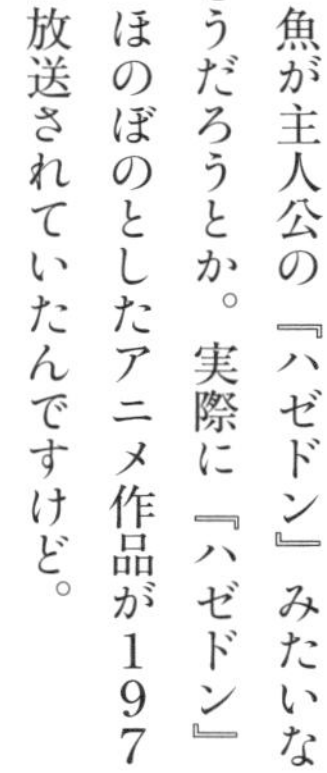

※4　代表作に『みどりのマキバオー』などがある。『サバイビー』はミツバチを主人公とし、ギャグを排したシリアスな内容の異色作。

※5　司馬と犬飼のコンビで『柴犬』。『スベルヲイトワズ』には『べしゃり暮らし』の圭右や、はにかみ工場長こと子安も登場。

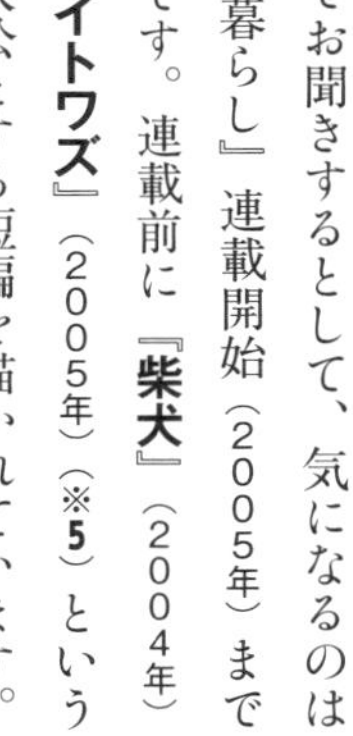

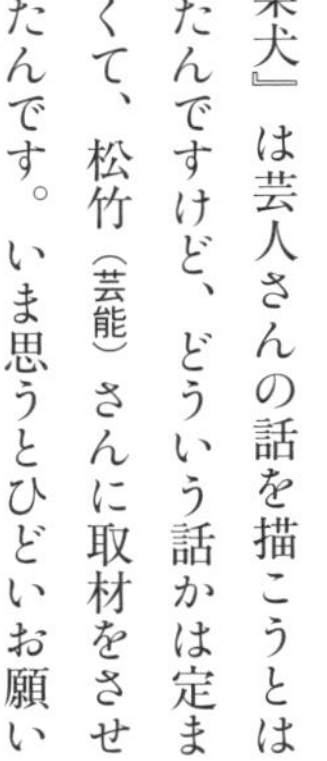

なんですけど、「絶対おもしろいんだけど、いまはまだ売れなくてあがいている芸人さんをコンビでぜひ」とリクエストして。

——ひどいリクエストではありますが、まさに『べしゃり暮らし』でも描かれているテーマにも通じると感じました。それで、松竹の方はどなたを紹介してくれたんですか？

森田　ＴＫＯさん。

——おぉ、当時はまだＴＫＯは売れてなかったんですね！

森田　ネタを見させてもらったら、すごくおもしろくて、なんで売れていないのか不思議でした。でも、一緒に街を歩いていても、サインを求められるとかもほとんどなくて、やっぱり芸人さんの世界は厳しいんだなぁと感じて。それで、いろいろとお話を聞かせてもらったんですけど、一番印象に残っているのが、ふたりで交わしたという会話でした。大阪と奈良をまたぐ生駒山の頂上でのこと。低山登山や遊園地で人気のスポットなんですけど、夜だったから遠くまで家々のあかりがキラキラとしてキレイだったそうです。そんな場所で、「でも、この家のあかりのひとつひとつの下にいる人たちは、まだ俺らのことを誰も知らない」「みんなが俺らのことを知っているようなコンビになろうぜ」みたいなことを、ふたりだけで話したんですって。

——いい話です。いま、ＴＫＯがその夢を叶えていることを思うと余計に。でも、『柴犬』にそんなエピソードなんてありましたっけ？

森田　一切ないです（笑）。たぶん、ＴＫＯさんも「自分たちの話を描いてもらえるんだ！」と思ってくれていたはずなんですね。実際、木下さんに「今度、読み切りが載ります」とメールしたら、「待ってました！」「僕たちのことを描いてもらえるんですね！」と返信が来て。これはまずい、どうしようと思ったんですけど、「あいにくおふたりの話ではないんですけど、聞かせていただいたエピソードから感じたことを漫画にさせてもらいました」と、もう一度、正直にメールをして。実際そうなんです。おふたりに話を聞けなかったら、『柴犬』は描けなかったですから。

——『柴犬』『スベルヲイトワズ』という助走を経ての『べしゃり暮らし』は、「相方ってなんだろう？」が最大のテーマのひとつです。相方への興味はそのようなリサーチを続けるうちに見つけたものなのですか？

森田　最初ではなかったですね。リサーチを始めた頃に印象的だったのは、芸人特有の関係性と専門用語でした。

——特有の関係性とは？

森田　芸人さんって、一緒に飲みに行くのが、ボケの人はボケ同士、ツッコミの人はツッコミ同士なんです。『べしゃり暮らし』を具体的に構想し始めた頃、一番はじめにお世話になったのが**2丁拳銃の小堀さん**（※6）だったんですけど、「この関係性は覚えておいたほうがいいですよ」と教えてもらいましたし、単純におもしろいなぁと思いました。漫画にするうえでも、狙い目だなって。

——では、専門用語でいうと？

森田　「タレ」ですね。ファンの女の子のことをさす隠語らしいんですけど、「タレをカク」で、まぁ、ファンの女の子をやっちゃうと。最初に聞いた時は「焼肉のタレのことですか？」って質問しちゃいましたけど（笑）。

——ということは、相方というテーマに出合うのは、芸人さんと交流を深めて、しばらくしてからのことなんですね？

森田　いや、「相方」というキーワードなら、同業者で大先輩の藤子不二雄さんに最初に感じた部分があるかもしれない。

——どういうことでしょう？

森田　なにかの記事で読んだんですけど、ある人が「いま、ドラえもんと麻雀打ってるよ」と、『ドラえもん』は描いていない安孫子先生の前で自分の子供に電話したらしいんです。記事として書かれていたのはそれだけなんですけど、なんだか妙に心に残ったんです。〈その時、安孫子先生はどう感じたんだろう？〉〈そもそも、藤本先生のことをどう思っているんだろう？〉と。僕は、**藤子不二雄Ⓐ先生の『まんが道』**（※7）に影響を受けてこの世

※6　1974年生まれ。奈良県出身。2丁拳銃ではボケを担当。100分間ノンストップで漫才する「百式」は、玄人筋の評価も高い。

※7　レジェンド・藤子不二雄Ⓐの自伝的漫画作品。当時の漫画家志望者に多大な影響を与えた。シリーズとして43年間続くという長期連載作品でもあった。

界を目指したので、余計に心に残ったのかもしれない。その引っかかりも『べしゃり暮らし』につながっているような気がします。

お寺の子、漫画家を目指す

――『まんが道』に影響を受けた森田さんが、出版社に持ち込みをしたのが中学3年生の時というのは、ファンの間では有名なエピソードです。

森田　小学館、集英社、秋田書店、少年画報社の4つの編集部を訪ねました。講談社だけは場所がわかんなくてあきらめて……って話もいろんなところでしています（笑）。あと、これもけっこう話してきたことではあるんですが、ある編集者にはボロクソに言われて、あまりに悔しくてぎゅっと握りつぶしたその人の名刺をいまだに取ってあるという（笑）。でも、そんな感じでボロボロにされた15歳なのに、集英社の茨木さんだけが、ほかの編集者とは見てくれるところがまったく違っていたんです。「ここは新しいね！」とか、一生懸命にほめるところを探してくれたんですよ。「ジャンプ」へ持ち込みに行くと「ＴＯＰ」という喫茶店から飲み物をとってくれるんですけど、たしか、アイスコーヒーを頼んだ記憶があります。味なんて覚えてないけど、茨木さんのその言葉がうれしくてうれしくて。その時の持ち込み作品は、尊敬する**小林まこと先生**（※8）に影響を受けていた画風でした。

――実は、茨木さんには周辺取材をしております（P25に掲載）。ここではひとつだけ伝言を紹介すると、「高校1年生で、再度持ち込みに来た時、なぜ僕を訪ねてくれなかったんだろ？　たまたま電話に出たのが僕なだけで、あれって単なる偶然だよ」とのことです。

森田　たしかに（笑）。なんでだろ？　ふつうなら1年前に持ち込みをして名刺をもらっているから、茨木さんを訪ねてもよかったのに。たぶん、申し訳ないと思ったんじゃないかなぁ。自分程度の作品に手間を取らせるのが申し訳ないって。

※8　1958年生まれ。新潟県出身。連載デビュー作『1・2の三四郎』が大ヒット、一躍人気漫画家に。本書P76～ご本人が登場！

――結果、森田さんが高校2年生の時の応募作で手塚賞・佳作を受賞します。

森田　その頃の記憶で鮮明なのは、審査会の日に茨木さんから電話があったことですね。

――あ、「佳作だったよ」と？

森田　いえ、「いま2位だよ」って。

――いろいろと微妙ですね、その報告（笑）。

森田　ですよね。僕も思いました。なんでこの人は途中経過を、しかも1位じゃないのに電話してきたんだろって（笑）。それでも、受賞はうれしかったんですけど、とにかく手塚（治虫）先生がなんと評してくれているかを知りたかったんです。藤子不二雄Ⓐ先生の『まんが道』で手塚先生を知って、一時期は先生の**SF3部作**（※9）にもろに影響を受けていたりもしたので……。ただまぁ、厳しいお言葉でしたけどね。「なぜ、この人は外国の話ばかりを描くのか？」「あまりにも時代考証がめちゃくちゃ」と（笑）。一方で、本宮（ひろ志）先生が「話がダイナミック！」とか、ほめてくださったりもしていて。

――気になるのが、森田家の家業と漫画家を目指すことの選択について。森田さんの実家はお寺、しかも長男なわけで、「家業を継ぐ」という宿命もあったわけですよね？

森田　そうです。

――当時の森田少年の漫画家への温度感は、どのようなものだったのですか？　家業を継ぐ意識もあったのか、漫画一本だったのか？

森田　漫画家には……絶対になりたかったです。うん、絶対でした、その夢は。小学生の頃の作文にも将来の夢は漫画家と書いていましたけど、高校1年って、まだ子供とも言えるけど小学生のそれとは真剣度が違うわけで……。なのに僕、高校1年生の夏休みに、**得度**（※10）を受けて、僧籍を得ているんです。受ければ誰でも受かるものではあるんですけど、10日間ほど、あるお寺で修行をして。漫画家になる夢は絶対だったのに、なぜ、得度を受けたのか……。実は、その頃の記憶や自分の考えていたことが曖昧なんです。親を安心させたかったのか、まぁ、お寺の子という

※**9**　手塚治虫が20代で手がけた『ロスト・ワールド』『メトロポリス』『来るべき世界』のこと。独自の世界観が後世に影響を与えた。

※**10**　在家者が剃髪して僧になること。そのための儀式を得度式といい、師匠となる僧侶に髪を剃り落とされ、僧侶に必要な道具や法名をもらう。「とくど」と読む。

のはそういうものだろうという想いもあったし、その段取りをふんどけば、とりあえず夢を追いかけても大丈夫だろうとタカをくくっていたのかもしれません。あと、得度したのは、絶対、漫画家になるとは思っていたけど、ひょっとしたら心のどこかで「なれなくても、お寺があるから」と中途半端な逃げ道を作っていたのかもしれません。

——そもそも、お寺の子というのは厳しく育てられるものでしょうか？

森田　いやぁ、甘やかされて育ちましたね。僕、父親に殴られたことが一回もないですから。近所の人もやさしくて、いまでもそうなんですけど、帰省すると「まさのりちゃん、おかえり」と、厳しいどころか、ふかふかな感じで迎えてくれる方もいますし。もちろん、お寺を捨てたわけですから、怒ってらっしゃる方もたくさんいる。いずれにせよ、みんな、僕がお坊さんになると絶対思っていたはずなんです。だから、とくに檀家の方には、申し訳ない気持ちがずっと残っています。

——逆に言えば、だからこそファンには有名な、あの計画を立てるわけですね？

森田　「4年計画」ですね。高校卒業のタイミングで「大学に行ったと思って、4年間は許してくれ」と。その期間内にデビューできなかったら漫画家の夢はあきらめてお坊さんになるからって。自分のなかでは、1年目でアシスタントになって、2年目で読み切りを何本か描いて、3年目で連載をとって、4年目でお金持ちになるという（笑）。

——実際には4年目での初連載でした。まずは上京するわけですが、暮らすという意味での、はじめての東京はどうでしたか？

森田　実家暮らしの頃は、かなりの田舎に住んでいましたからね。はじめての東京なんて、それはもう大都会でしたよ。一番はじめに住んだのが井の頭公園の近くでした。大家さんが離れに住んでいて、居住者用の部屋が3つと大家さんの物置がひと部屋あって。そのアパートには、哲学者と漫画家アシスタントと泥棒が住んでいました。

——ちょっと待ってください。さらっと言いましたけど、泥棒？

森田　泥棒。

——なぜ、隣人のひとりが泥棒だとわかったんですか？

森田　僕はテレビを持っていたんですけど、その人はなかったんで、僕の部屋に遊びに来て一緒に観てたんですよ。でも、アシスタントの仕事って週のうち3日ぐらい泊まりなので、僕がいないとその人はテレビを観られないでしょ。だから、「僕がいなくても勝手に観てていいですよ」って南京錠の番号を教えてたんですね。家賃1万5000円の安アパートでしたから、ちゃんとした鍵なんてなかったので。それで、その人が引っ越したあとで、突然に刑事がやってきたんです。「Nという男を知っていますか？」「はい。隣りに住んでました」「実はこういうものが質屋に入ってました」って写真を見せられたら、僕の炊飯器や掃除機だったんですよ。

——掃除機なんてけっこうな大きさなのに、なくなったことに気づかなかったんですか？

森田　まったく（笑）。だって、料理しないし、掃除もめったにしなかったんで。

——となると、もうひとつ気になるのが、哲学者です。

森田　あ、その人の部屋に行った時に哲学書がたくさんあったから、僕が勝手に名付けただけです。たくさんの哲学書のなかに1冊だけ、**『アクション・カメラ術』**（※11）があったのはおもしろかったですけど（笑）。

——では、はじめてのアシスタント生活はいかがでしたか？　森田さんは、当時の「ジャンプ」の大ヒット作**『北斗の拳』の原哲夫氏**（※12）に師事します。

森田　原先生は、いい匂いがしました。

——漫画のことじゃなくて、匂いの話からですか？

森田　だって、第一印象も〈おしゃれな方だなぁ〉でしたから。『北斗の拳』感が一切なくて。ふだんからいい匂いがするのに、先生は、仕事終わりで必ずシャワーを浴びるんで

※11　1980年代のベストセラー。盗み撮りのエロティシズムは当時の青少年を虜に。著者である馬場憲治はレポーターとしても活躍。

※12　原作・武論尊、漫画・原哲夫の『北斗の拳』は、1983年より「週刊少年ジャンプ」にて連載開始。原哲夫は1961年生まれ。東京都出身。

すね。そうすると、さらにいい匂いがして。ただ、それは仕事終わりのことであって、漫画に関しては真摯な方でした。一番びっくりしたのが、ある日、僕らアシスタントが外食を済ませて仕事場に戻ってきたら、机の下で倒れていたんですよ。「あ、先生が死んでる！」と思って、必死になって起こしたら「……寝ちゃった」と目を覚まされて。おそらく、限界ギリギリまで絵を描いていたんでしょうね。それ以降も、たびたびその姿を見ましたし、毎回、崩れ落ちるように寝てしまうんだなぁと思ったら、ちょっと感動しました。

――アシスタント時代の失敗はありますか？

森田　僕、SF的な素養がなくて、一度、怒られたことがあります。「映画でいうと『**ブレードランナー**』（※13）みたいな世界観なんだよ」と先生ご本人が説明をしてくれたんですね。その時点で〈うわ、俺、その映画観てねー〉と思ったんですけど、そんなの言えないじゃないですか。さらに、原先生が続けるには、「漫画でいうと**大友**（克洋）**さんの**『**AKIRA**』（※14）みたいなビルを描いてほしい」と。大友さんみたいな絵なんて絶対に描けないし、ますますうわーとなっちゃって。

――それでも仕事なんだから描かなきゃですよね。森田さんが描いた建物の感じは？

森田　市役所。

――『北斗の拳』で市役所。かなりシュールです（笑）。

森田　原先生もひとこと、「ガキの落書きじゃないんだから」って（笑）。それでも、けっこう重要な場面を担当させてもらったりもしました。

※13　1982年公開のSF映画。監督はリドリー・スコット。レプリカント（人造人間）を追う警察官をハリソン・フォードが演じている。

※14　1982年より「週刊ヤングマガジン」で連載された近未来SF漫画の金字塔。作者である大友克洋はアニメ映画版では監督も。

※15　『北斗の拳』に登場する哀しき運命を背負う男たちのなかでも、人気の高いキャラクターであるシュウ。南斗六聖拳の「仁星」の男でもあり、幼き頃のケンシロウを救うために、自らの両目を潰す。その〝仁〟ゆえに暴君サウザーの聖帝十字陵の人柱となり絶命する。

——名作『北斗の拳』のどの場面ですか？

森田　サウザーの聖帝十字陵をシュウというキャラクターが登る場面（※15）。

——名場面のひとつじゃないですか！

森田　ピラミッドの頂点部分をシュウが担いで登っていくんですけど、視点は上からなんです。でも、先生のイメージだと絶対に見えないはずの、頂点部分の下のところが見えていると。しかも、その視点からだと見えないはずの空も背景にあると。僕の画力では〈描けない、絶対無理〉となって、泣きそうになって。うわぁ、思い出してきた！　ちょっといま、泣きそうですもん（笑）。

——結果、描けたんですよね？

森田　正直に言って、当時は納得しないまま描いたんですけど、完成形を見た時に、原先生の言う通りに描いたほうが臨場感や迫力が出るんだなぁって。原先生には感謝しかないです。そういう実作業だけじゃなくて、しょっぱなの僕の物言いに対する対応が、なによりもありがたかったですし。

——どういうことですか？

森田　最初にご挨拶した時に、僕としては例の「4年計画」しか頭になかったので「アシスタントは1年でやめます」と宣言しちゃったんです。生意気ですよね？　それでも、原先生は雇ってくれて。だから、アシスタントの仕事がない時は、ずっと自分の漫画のネームを描いていました。まぁ、アシスタントの最初の頃は月給9万円で、とにかくお金がなかったから、遊びに行きたくても行けなかったんですけど（笑）。でも、その甲斐あって1年2ヶ月後に、自分としては満足できる「SYNCHRONICITY」（※16）という読み切りのネームができて卒業させてもらえて。

——ちなみに、いまの森田さんのアシスタント志望者が

※16　若きボクサーとヤクザとの出会いから始まるハードボイルドな作品。のちの短編作品にも通底する哀愁のあるラストシーンが印象的だ。『森田まさのり作品集1 BACHI-ATARI ROCK』（集英社コミック文庫収録）。

「1年でやめます」といきなり宣言したら？

森田　まずは、その人の人生計画を聞く（笑）。もし、「4年計画」的なことを口にしたら、もちろん採用するし、全力で応援します。

――世の中の一般的な流れとしては、徒弟制度というのはなくなる方向だと思いますが、なんかいいですね、漫画家の師弟関係って。

森田　原先生からの影響は大きいです。たとえば、**僕の下絵**（※17）は原先生のそれにそっくりですから。漫画家にもいろいろなタイプがいるんですけど、僕の下絵は線がたくさんあるんですね。そのなかから正解を1本選ぶんですけど、間違った線を選ぶと時間がかかってしまって。だから僕は、いまだに絵を描くのに時間がかかるんですけど（笑）。それに、プロとしての仕事への向き合い方も原先生から教わったと思います。「自分は原作を付けてもらってお話を考えていない。絵だけ。だから絵にはとことんこだわりたい」と、よくおっしゃっていて。先生は、机の手前に鏡を置いていて、表情を研究していたんですけど、それにも影響を受けて、僕の作業用デスクにも鏡がありますから。ただですね、原先生にひとつだけお伝えしたいことがあるんです。

――どのようなメッセージでしょう？

森田　『北斗の拳』でラオウが「わが生涯に一片の悔いなし!!」と言う名場面があります

※17　2019年6月某日、森田まさのりの仕事場にて撮影。『べしゃり暮らし』は、7月4日発売の「週刊ヤングジャンプ」より短期集中連載がスタートしたのだが、その扉絵を飾った主人公・圭右の貴重な下絵がコレ。下絵の段階でも、森田がこだわる口の表情に迫力あり。

※18　原作・嶋田隆司、作画・中井義則による共同ペンネーム。代表作『キン肉マン』は、1979年より「週刊少年ジャンプ」にて連載。

※19　1964年生まれ。鹿児島県出身。1987年、おとぎ話をモチーフとする格闘漫画『THE MOMOTAROH』でデビュー。

よね。その名場面について、あるテレビ番組で原先生が「ここは森田くんが担当してくれたんだ」と言ってくださったんですけど……実は僕が担当したのって、その前のページだったんですよね（笑）。

——振り返って、原さんのアシスタント時代の約1年間は〝青春〟でしたか？

森田　いまの僕はアシスタントと仕事をしているんですけど、冷たい意味ではなく「仲間」という感覚ではない。でも、原先生のところにいた時は、アシスタント同士の一体感をものすごく感じて、先輩も含めて仲間意識があったんです。そういう感覚って学生時代には感じたことがなかったし、逆に言うと「友達」という感じでもないんですよ。本当に「仲間」という言葉がぴったりで。それに、アシスタント時代には、**ゆでたまご先生**（※18）の助っ人に行けたり、**にわの**（まこと）**先生**（※19）を手伝いに行って、当時、にわの先生のアシスタントだった**小畑健と仲良くなれたりもして**（※20）。僕は会社に就職したことはおろか、アルバイト経験すらないので、自分の人生を探して唯一の青春と呼べる時期が、あの頃だったのかもしれません。

四天王・鬼塚誕生の秘密

——さて、いよいよ連載デビュー作『ろくでなしBLUES』についてです。

森田　漫画家と芸人さんって、似ている部分があるかもなぁと思うんですけど、まず、芸人さんでいえば、舞台に立つというのは、その大小を選ばなければ、そこまで難しくないと思うんです。お笑いのライブは、いろんな会場で開催されていますから。それと一緒で、漫画家もなにかしらの賞を獲って読み切り作品が掲載されるのは、なんとかなる

※20 小畑健氏との交流は現在も続いているが、2007年には夢の共作も実現。「ジャンプSQ.」創刊記念特別企画として、原作・森田まさのり、漫画・小畑健による『HELLO BABY』が掲載された。

もの。でも、連載デビューができるかどうかはかなり厳しい競争がある。芸人さんでいうと、テレビのゴールデン番組に出られるとか、レギュラー番組を持つとかと同じだと思うんですね。

――なるほど。さらに漫画家がヒット作を生む場合を芸人の世界にスライドさせると、冠番組を持ち視聴率という結果を出すことに通じるかもしれません。

森田　そうなんです。そういう意味で、「BACHI-ATARI ROCK」（※21）という読み切り作品を経て、『ろくでなしBLUES』の連載が決まった時は、めちゃくちゃうれしかったです。同時に〈さて、えらいことになったぞ〉という気持ちもありまして。

――それは、どういう心境でしょう？

森田　「ジャンプ」という漫画誌の歯車に組み込まれるんだなぁって。大きな責任感と、ひとつ外したらえらいことになるぞというのも感じていました。

――それは、打ち切りに対する恐怖心？

森田　いえ、恐怖心はなかった。「ジャンプ」で生き残るのに必死でした。とにかく、「ジャンプ」の錚々《そうそう》たる作家のひとりになりたかったですから。だから僕、アンケートの結果を折れ線グラフにして毎週つけていたんですよ。スタートは、4位でしたけど、まぁ、どの作品もそんなもんなんですね。巻頭カラーで扱ってもらえるし、みんなが読んでくれますから。2話目が7位、3話目で10位以下に落ちてしまって、あぁダメかもしれないと思ったんですけど、なんとか15話まではがんばろうという話を茨木さんとよくしていた記憶があります。打ち切りって、10週が目安なので、とりあえず15週続けられれば、ひと山は越えられたということなんですね。だから、恐怖心でいえば、調子がよくなっ

※21　『ろくでなしBLUES』の主要キャラクターである太尊、勝嗣、米示が活躍する学園不良モノ。特筆すべきは、リアルな画力はそのままに、ハードボイルドな世界観をおさえめにし、随所にギャグがちりばめられている作風の変化。『森田まさのり作品集1 BACHI-ATARI ROCK』（集英社コミック文庫収録）。

BACHI-ATARI
ROCK

こらあっ 輪島!! バカな事は やめ……

てきてからのほうがあって。

——それはどのような作家心理なのですか？

森田　終わりたくないんです、調子がいい時は。『ろくでなしBLUES』でいうと、僕自身の調子では「**修学旅行編**」（※22）の時なんて描いてて楽しくて仕方がなかった。でも、アンケートは、さほどよくなかったんです。

——なるほど。故に調子がいい時のほうが打ち切りの恐怖心があると。

森田　そうなんです。逆に調子が悪い時は仕切り直しじゃないけど〈終わってもいいかもなぁ。次の作品で勝負しなおしたい〉と思ってしまう時もあって。とはいえね、この感覚はキャリアを重ねてから、のちに体感するわけで、『ろくでなしBLUES』を描き始めた頃は、とにかく必死なだけでしたけど。

——のちに累計5000万部超えの大ヒット作にも生みの苦しみ期があったんですね。では、「修学旅行編」よりも前に、作者本人として最初に手応えのあった回は？

森田　**真冬というキャラクターが登場した回です**（※23）。『ろくでなしBLUES』では、ちょこちょこと読み切り的な物語を挟んだんですけど、自分では大好きなんですね、短編を描くのが。真冬の回は、読者の評判もよくて、スタート以来はじめての2位をとれたんですよ。……という手応えはありつつも、一番は、やっぱり**鬼塚というキャラクター**（※24）が生まれたことですね。

——おぉ～、2019年の2月21日に放送された『アメトーーク！』の「ろくでなしBLUES芸人」の回でも、クローズアップされた人気キャラですね！

森田　鬼塚の登場で『ろくでなしBLUES』としては、はじめての長い抗争に入っていくんですけど、作品の方向性を決定付けるキャラクターでした。ただ、週刊連載なので、後付け的要素もかなりあったんですけど。

——整合性よりも次週への期待感を重視するのが週刊連載の醍醐味だとする作家も多いと聞きます。当時、週刊連載について、森田さんが感じていたことは？

※22 修学旅行の目的地は関西。父親や弟と再会する太尊や、勝嗣や米示の恋模様を交えながら、21週にわたって掲載された。

※23 バイク事故で彼氏を亡くした真冬と太尊の粋な交流を描く。「チョコレートの日」と題されたウエルメイドな一編。

森田　なんだろ？　よく思ってたのは「来週のことは来週考える」ですね。

――名言です（笑）。

森田　いや、毎週毎週、本当に切羽詰まっていましたから。鬼塚に関しても、とりあえず、〈仲間からも恐れられるような極悪非道な男を出す〉としか決めてなかったんです。ところが、描いているうちに僕自身がのっていった。先ほどの週刊連載の醍醐味じゃないですけど、来週のことは来週考えるということは、作者である自分自身も先の展開が読めないわけで、読者はもちろん僕もワクワクしていたというか。そうやって、のって描いていると、鬼塚の影の部分だけじゃなくて、光も描きたくなる。だから、**主人公である前田太尊との決着の付け方**（※25）も、あの**改心するエピソードの描き方**（※26）も、鬼塚登場当初には、まったく想像すらしていないものでした。

――「四天王編」のプランは？

森田　それもたまたまでした。薬師寺という男を登場させようと考えた時に、「あ、太尊と鬼塚と薬師寺と、あともうひとり出せば四天王じゃん！」と思いついて。だから、葛西って、ものすごく有名な不良のはずなのに、**登場を匂わす場面**（※27）では、「よく知らないんスけどね……」って矛盾するセリフもあって（笑）。

――漫画家によっては、本編では描き切らない細部まで作り込んでおく「キャラ表」を作成する人もいます。森田さんは？

森田　ほとんど作らない。『ROOKIES』の後半に必要に迫られて、**野球部全員の身長だとかのデータ一覧**（※28）を掲載しました。甲子園の雑誌とかを読んでいいなぁと思ったからやってみたんですけど、それも漫画に取りかかる前のキャラ表ではないですから。そんな感じで、キャラ表を作らないので、『ろくでなしBLUES』の鬼塚では、ひとつだけ大失敗をしています。

――というのは？

※24　渋谷楽翠学園のアタマであり、ランチコートがトレードマーク。登場当初は、仲間すらも恐怖で支配するような極悪非道な男だった。右の図版は、関西の不良高校「極東」の面々が東京で暴れるのを阻止する男前な場面より。このあとのページでの「渋谷でくだらねーマネすんじゃねーよ　天然素材」という標準語のセリフが渋い。

※25 渋谷でのひと悶着を経て、吉祥寺に乗り込んできた鬼塚と仲間たち。渋谷勢優勢のまま、アタマ同士のタイマンとなる。太尊の強烈な右アッパーでアゴを割られながらも血を飲み込み、心折れない鬼塚。同じく、右拳を痛めても一歩も引かない太尊。不良漫画史に残る決着は、太尊のバックドロップで付いたのだった。

※26 太尊との対決に敗れた鬼塚は、「後は頼むぜ……上山」とナンバー2の男に跡目を託す。もとより、恐怖で支配していた男だけにそのまま孤立するかと思われたが、手を差し伸べた仲間がいた。「一人で生きてんじゃねーんだよ」との太尊の言葉は鬼塚の心にも響いたのだろう。のちに、仲間を大切にする男となる。

※27 渋谷対吉祥寺、鬼塚対太尊の幕切れは、「四天王編」の幕開けとなる。間髪を容れずに、浅草の薬師寺との対決になるのだが……。

1 安仁屋恵壹《あにやけいいち》	2 若菜智哉《わかなともちか》	3 湯舟哲郎《ゆふねてつろう》	4 御子柴徹《みこしばとおる》	5 新庄慶《しんじょうけい》	6 桧山清起《ひやまきよおき》
①2②181・75③O④右・右⑤投手⑥父・母⑦6.0秒⑧123m⑨監督	①2②179・71③B④右・右⑤捕手⑥父・母・弟1⑦6.4秒⑧97m⑨担任	①2②186・80③O④右・右⑤一塁手⑥父・母・兄1⑦6.5秒⑧100m⑨担任	①2②154・47③A④右・右⑤二塁手⑥祖母・父・母・姉1⑦6.9秒⑧83m⑨監督	①2②185・81③AB④右・左⑤三塁手⑥父・母・妹1⑦6.3秒⑧112m⑨担任	①2②174・65③O④右・右⑤遊撃手⑥父・母・兄1・弟1⑦6.9秒⑧90m⑨担任

7 今岡忍《いまおかしのぶ》	8 関川秀太《せきかわしゅうた》	9 岡田優也《おかだゆうや》	10 平塚平《ひらつかたいら》	11 赤星奨志《あかほししょうじ》	12 濱中太陽《はまなかたいよう》
①2②152・45③AB④右・左右⑤左翼手・投手⑥祖父・祖母・父・母・兄1⑦7.3秒⑧76m	①2②163・54③A④右・右⑤中堅手⑥母・姉1・妹1⑦5.6秒⑧88m⑨担任	①2②170・59③A④左・左⑤右翼手⑥父・母・弟1⑦6.8秒⑧85m⑨担任	①2②175・75③O④右・右⑤三塁手⑥父・母・弟3⑦7.0秒⑧100m⑨両津勘吉	①1②177・72③B④左・左⑤右翼手・投手⑥父・母⑦5.8秒⑧115m⑨なし	①1②167・52③O④右・右⑤左翼手⑥父・母⑦7.2秒⑧74m⑨つんく♂

①学年②身長・体重③血液型④投・打⑤ポジション⑥家族構成⑦50M走⑧遠投⑨尊敬する人

※28 掲載項目は9個あり、身長・体重、50M走のタイム、遠投などの文字通りのデータ的なものから、尊敬する人まで。チーム最長身は、ファースト湯舟の186㎝、50M最速はセンター関川の5秒6。メンバー12人中8人が、尊敬する人＝「監督」「担任」と川藤の名をあげるなか、個性派・平塚の答えは「両津勘吉」であった。

森田　俳優さんの役作りじゃないですけど、僕の場合は登場人物たちの服装でそのキャラの造形が深まっていくことが多いんです。『べしゃり暮らし』の主人公・圭右の場合なら、襟付きの服はたぶん着ないなぁとかね。でも、

鬼塚にはランチコート（※29）**を着せちゃったでしょ？**

——というか「ランチコート」という言葉を『ろくでなしBLUES』で覚えました。

森田　ありがたいことに、そういう声をよく聞くんですけど、鬼塚＝ランチコートというイメージが定着しちゃったもんだから、夏のシーンでは、鬼塚を出せないっていう（笑）。

——なるほど（笑）。

森田　あと、これは余談ですけど、鬼塚のあのコートってふつうは「ムートンのコート」って言わないですか？　実は、彼にコートを着せたのもたまたまなんです。何気なく読んでいたファッション誌に「ランチコート」とあって、いいな、鬼塚っぽいかもなと思って着させて、コートの名称的にもそう書いちゃったんですけど、いまだにちょっと不安なんですよね。『ろくでなしBLUES』以外で、あまり目にしない言葉な気がしていて。

——でも、逆にすごいことだと思います。漫画が読者に与える影響、大げさに言えば社会への影響力というのは。あの頃、リアルタイムで「ジャンプ」を読んでいた地方出身者は、東京に来て「吉祥寺」「渋谷」といった街に立っただけで、太尊たちと会えるかのような幻想をみんなが抱いていたと思います。

森田　一度、関東の有名な暴走族の総長の方からファンレターをもらったことがあります。あと、当時、インタビューとかでよく聞かれたのは「昔、不良だったんですか？」でした。僕はそういうタイプでは全然なかったんですけど、「喧嘩は一度しか負けたことがない。一度しかしたことがないけど」が持ちネタのようなものでした（笑）。

——では、主人公・前田太尊が、その後の漫画家・森田まさのりに与えてくれた影響はありますか？

※29 左の図版は、太尊たちのたまり場である喫茶店に乗り込んで来た鬼塚。地元の渋谷だけじゃなくて、吉祥寺でもランチコート。

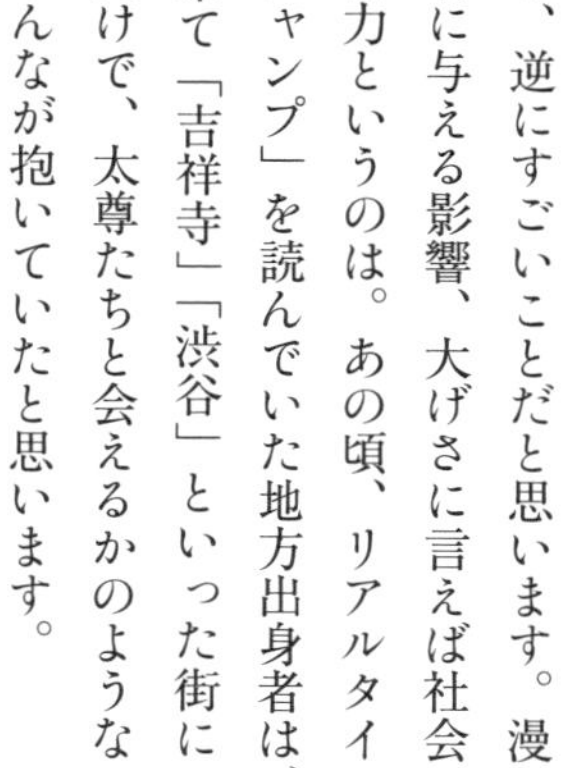

※30 大場浩人のこと。中学生時代より太尊を尊敬し、帝拳高校に入学した。作者が敬愛する甲本ヒロトをモデルとしている。

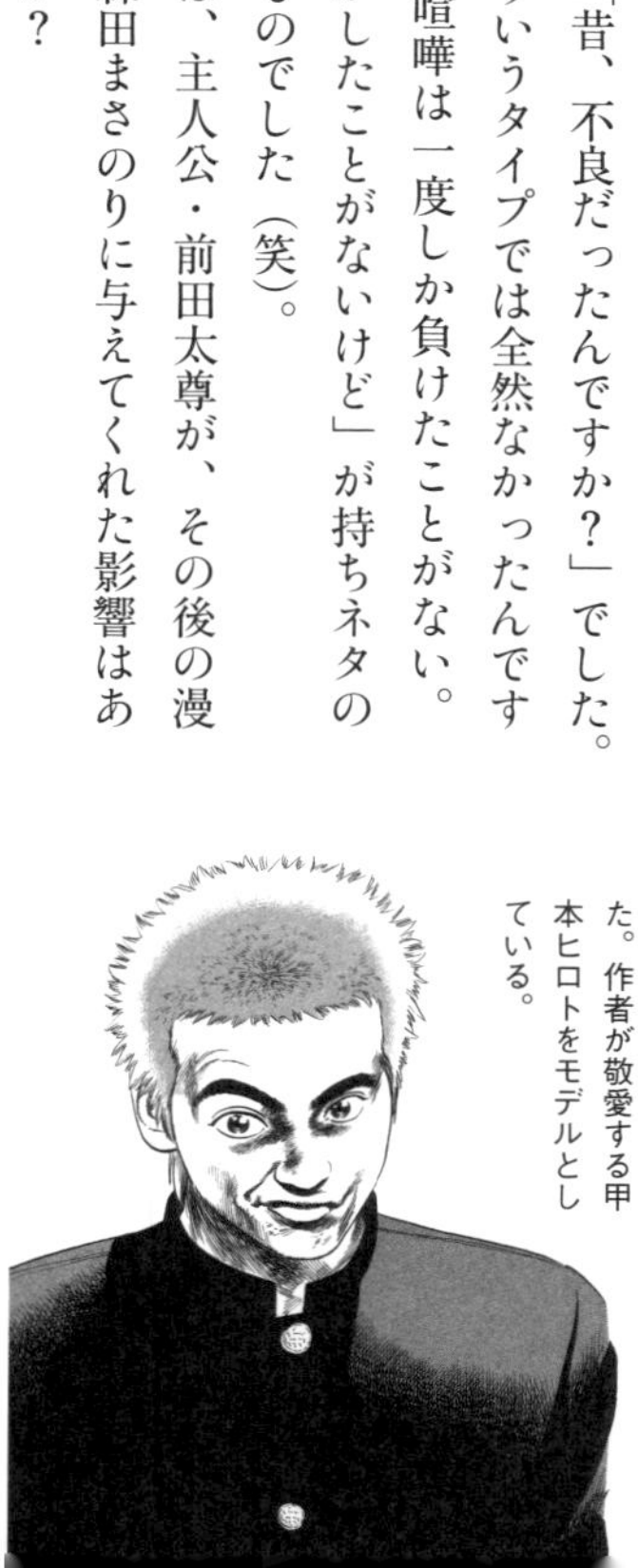

[歴代担当編集者が語る森田まさのり —— #1]

あの画力とギャグセンスは天性のもの

茨木政彦 *Masahiko Ibaraki*

COLUMN

初対面の印象は〈性格よさそうなかわいらしい子が来たなぁ〉でした。まだ15歳で坊主頭でしたから（笑）。ところが、持ち込んでくれた漫画は異常に絵がうまかった。ほかの出版社の人からはボロクソ言われたみたいですけど、ありえない。あの才能を見抜けないのはよっぽどです。

何作かの読み切りを経て『ろくでなしBLUES』の連載が始まったんですけど、最初はもうずっとダメで。10週ぐらい打ち切り寸前でした。それで、開き直ってじゃないけど、小兵二の読み切りを描いたら、ものすごくウケたんですよ。世間的には、『ろくでなしBLUES』のブレイクポイントに鬼塚登場を推す声が多いみたいだけど、僕の肌感覚では小兵二の読み切りでした。あの作品は連載開始当初からギャグが入っている漫画だったけど、小兵二というキャラクターが生まれたのは、かなり大きかったと思います。ギャグの才能だけは磨いても伸びないんです。ある日突然、おもしろくなるなんてありえない。しかも、ギャグを描ける人は泣かせる話もいけるけど、逆は難しい。感動の先に笑いがあるわけではなく、笑いの先に感動があるのか。その道は一方通行でつながっているのかもしれません。

そもそも、漫画家に求められる資質なんて、千差万別だと思います。ひとりずつ違っていい。でも、なにかひとつでいいから飛び抜けた武器を持っているということ。飛び抜けた画力、飛び抜けたギャグセンス、飛び抜けたセリフのセンスだとか、物語作りの才能でもいい。そのうえで、「週刊少年ジャンプ」で異なるタイプの２作をヒットさせるのは至難の業なんです。その点、森田くんは２作をヒットさせた上に、３作目の『べしゃり暮らし』をいまでも描き続けヒットさせている。たいしたもんだと思います。あ、「たいしたもんだ」って言っちゃった。僕からの彼へのほめ言葉は、「まぁいいんじゃない」が過去最高レベルだったんですけどね（笑）。

いばらき・まさひこ　1980年入社。『ろくでなしBLUES』の初代担当。ほかの担当作品として、徳弘正也『シェイプアップ乱』、えんどコイチ『ついでにとんちんかん』などがある。

森田　太尊は……キャラクターがぶれてしまったのが後悔というか反省しかないんです。太尊の弟分的な登場人物に**ヒロトというキャラ**（※30）がいるんですけど、連載開始当初は太尊が担っていたはずのキャラクターをヒロトが受け継いでしまったんです。読者によっては、「太尊が成長した」と評してくれる人もいるんですけど、作者としては反省ばかりが先に立つんです。だって、「**こち亀**」（『こちら葛飾区亀有公園前派出所』）**の主人公である両さん**（※31）のなにが素晴らしいかって、あれだけ数多くの登場人物がいるなかで、誰ともキャラが被っていないというところ。そういう部分で、後悔ですね、太尊に関しては。

――森田さんは、太尊への後悔の想いも各所インタビューで語っていますが、ファンを代表して言わせてもらうと、主人公へのその言葉は少しだけ寂しくも感じるんです。

森田　そうですかね？　そうか、そうなのかな。

――なので、感謝という言葉ならばどうでしょう。漫画家・森田まさのりを世に知らしめた漫画の主人公に対する感謝の言葉を探していただくとすると？

森田　感謝。感謝。感謝……。う～ん、浮かばないです（笑）。いま太尊に贈る言葉みたいなもので思い浮かんだのは「喧嘩ばっかりしてんじゃないよ！」でしたから。

――身も蓋もないとはその言葉です（笑）。

森田　あるいは「もっと、家族を大切にしなよ！」とかね。そういう意味では、太尊の彼女である千秋にも言いたいことがあったんですけど、『アメトーーク！』で芸人さんたちが、うまくツッコんでくれて、めちゃくちゃうれしかったです。「**千秋、泣きすぎ！**」（※32）とか「**千秋、さらわれすぎ！**」（※33）とか、「**千秋、髪伸びるの遅すぎ！**」（※34）とかね（笑）。番組でも暴露されちゃってましたけど、連載開始当初の僕が童貞だったから、ああいう女の子をヒロインにしてしまったのだと思います。千秋は童貞の妄想です（笑）。

――では、森田さん自身がお気に入りのキャラクターならば？

※31　両津勘吉のこと。亀有公園前派出所勤務。単一漫画・コミックス発刊巻数でギネス記録を有している「こち亀」の唯一無二の主人公。

※32　自分でも自覚しているのか「すぐ泣くし」と自虐したあとで「もう1回泣いていい？」と太尊に甘えて「くすん…」と泣く千秋。

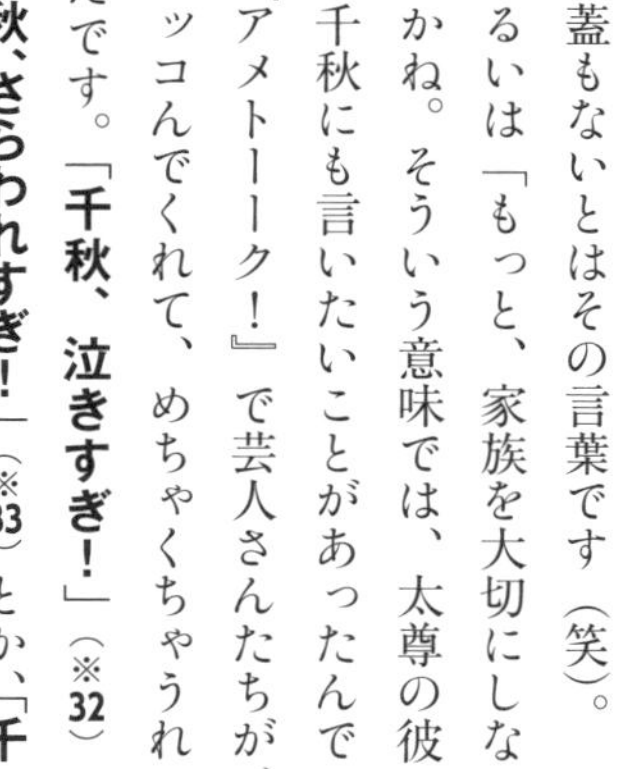

※33　千秋は連載開始4話目ですでにさらわれている。記念すべき第1回目の拉致は、太尊と揉めたボクシング部の魔の手によるもの。

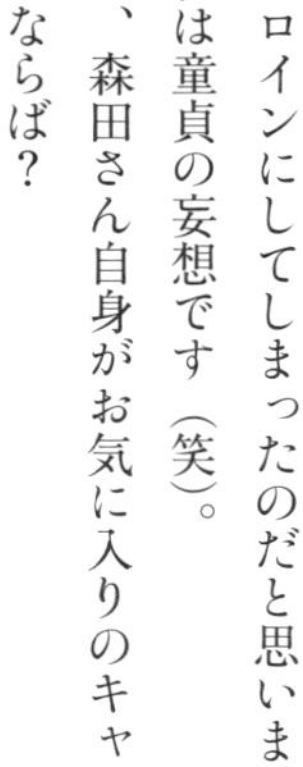

森田　千秋と真逆の設定を目指した、**和美は大好きです**（※35）。明るいし、おしゃべりだし、聞いた話を何百倍にもしちゃうし（笑）。あとはなんといっても**小兵二**（※36）。小兵二はいまでも大好きなキャラクターなんです。ほかには、観月先生と**中島**（※37）も好きだなぁ。ちなみに、『ろくでなしBLUES』のなかでも一番好きなシーンは、**四天王の葛西がマグロを眺める見開き**（※38）です。

――『ろくでなしBLUES』パートのインタビューの最後に、あの傑作の誕生秘話も教えてください。「ろくでなしぶるーちゅ♡」は、いかにして生まれたのでしょう？

森田　たしかに、漫画の連載中にセルフパロディをやる人なんて、あんまりいないですもんね（笑）。でもあれは、単なる偶然から生まれたんです。ある時、ふつうに『ろくでなしBLUES』を描いていたら**3ページ余ってしまった**（※39）んですよ。

※34 そもそもの原因は、太尊の好みがポニーテールだったこと。だが、※33の際、太尊の足手まといにならぬよう自分で切ってしまう。

※35 今井和美のこと。中学時代からの千秋の親友であり、勝嗣の彼女。最終話では勝嗣と結婚して子供を授かった幸せそうな描写あり。

※36 中田小兵二のこと。自称帝拳高校の番長らしい。いちおう小兵二軍団を率いており、ごく稀にだが喧嘩のシーンで活躍する。

※38 四天王最後の大物こそ、池袋・正道館高校の葛西であった。四天王とくくられることを嫌悪し「一番強え奴は四人もいらねぇ」と東京ナンバー1を狙う。鬼塚、薬師寺のアバラを折って連破し、太尊をも完膚なきまでに叩きのめす。だが、水族館のマグロを見つめる姿は勝者のそれではなかった。実は、葛西には喧嘩に負けて仲間が離れていった過去があり、勝ち続けることでしか仲間とのつながりを保てないと思い込んでいた。

※37 中島淳一のこと。太尊の仲間というわけではないが物語に彩りを添えた。最終話でも得意なカメラを構えた姿で登場している。

——え？　そんな理由ですか？

森田　実はそうなんです（笑）。本人としては〈どうしよう、どうしよう？〉と焦って〈もうふざけるしかない！〉と開き直って描いたら、なぜかそれがウケて。編集部からも「次、いつやるの？」という声も届いたので、折につけて続けて描いて、2017年の「グランドジャンプPREMIUM」9月号では、久々に**20年後の「ろくでなしぶるーちゅ♡」**（※40）を描いたりもしています。

川藤用に名言集を購入

——『ろくでなしBLUES』は1997年に9年間の連載を終えます。そして、わずか1年後に同じく「ジャンプ」誌上で始まったのが『ROOKIES』。ところが、連載開始時は、まさかの「全然のり気じゃなかった」んですよね？

森田　全然でした。もうね、全然でした（笑）。ただ、ハードなモノをという編集部からの要望に対して、少年院モノや『ハゼドン』みたいなモノとアイデアを提案しつつ、社会人経験のない僕に描ける漫画といえば、学園モノしかないだろうとなったんです。でも、『ろくでなしBLUES』の二番煎じは絶対に嫌だったから、視点を変えようと。今度は教師を主人公にしてみたらどうだろうと。「ジャンプ」

※39　余った3ページの"初ぶるーちゅ♡"。すべての登場人物がコミカルな2・5頭身。コミックスの目次欄には（ろくでなしぶるーちゅVOL・1）とカッコ付で掲載された。

※40　もしも『ろくでなしBLUES』の主要キャラクターたちが20年後にタイムスリップしたら？　全8ページのショートショート。

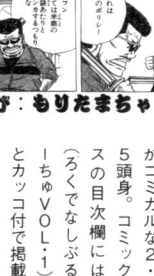

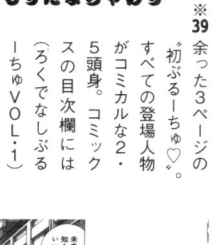

で先生モノといったら、少し前に『**アカテン教師梨本小鉄**』（※41）と当時でも『**地獄先生ぬ～べ～**』（※42）ぐらいしかなかったので。「ジャンプでやっていないモノを」という一点だけには、こだわりがありました。

――編集部からのリクエストは、「もう1本、ハードなものを」でした。これが、もっとストレートに「『ろくでなしＢＬＵＥＳ２』を描いてほしい」だったら、森田さんはどうしていましたか？

森田　あぁ、僕はそれをやったら漫画家として終わりだと思っています。もっと正確に言うと、それを編集者から言われたら終わりだと思っているんです。つまり、作家本人が続編を描きたくてそうしているのはいいんですけど、まわりから「あいつはあれしかないから」と思われているのだとしたら「もっとおもしろいのが描けますよ！」と言い返したい。もし、あの時そう言われたとしたら、作家の矜持として、お断りしていました。

――なるほど。そのような経緯がありつつ、『ＲＯＯＫＩＥＳ』へのスイッチが入った瞬間が気になります。

森田　1話目のネームができた瞬間。

――あ、めちゃくちゃ早かったんですね（笑）。

森田　めちゃくちゃ早かったです（笑）。あれ、おもしろくなりそうだぞ、これって（笑）。

――具体的にどういう「おもしろさ」を感じ取ったのですか？

森田　この先も漫画家としてなんとかやっていけるかもしれないぞということです。太尊には申し訳ないことをしてしまったけど、**川藤といういいキャラクター**（※43）を1話目で描けたと感じたんです。このキャラクターは『ろくでなしＢＬＵＥＳ』にはいなかったぞって。

――やはり、漫画にとってのキャラクターという存在は相当に重要なんですね？

森田　重要です。少なくとも僕の漫画にとってはかなり重要です。そういう意味では『ＲＯＯＫＩＥＳ』のキャラは本当によく育ってくれました。たとえば、御子柴なんて、何気

※41　１９８６年より「週刊少年ジャンプ」にて連載された。ギャンブラーで型破りな教師が登場する。作者は春日井恵一。

※42　原作・真倉翔、漫画・岡野剛により、１９９３年より「週刊少年ジャンプ」にて連載。鬼の手を持つ教師が妖怪や悪霊の退治を行う。

※43　昭和時代の熱血学園ドラマのようにアツい国語教師。二子玉川学園に転任する前、生徒に重傷を負わせ辞職している過去がある。

なく描いただけのキャラクターだったんですよ。最初はタバコを吸っているし、のちに野球部のキャプテンになるような男ではまったくなくて。ところが、ある時に**「御子柴がイジメられていることにしてみよう」**(※44)とふと思いついたんです。そしたら、自分でも驚くほど、御子柴だけじゃなくて、まわりのキャラクターも成長してくれて。御子柴の場合なら、彼がイジメられている背景を考えることでキャラクターが深まって、物語そのものにも肉付けされていった感触がありました。

――ちなみに、『ROOKIES』連載時は、「来週のことは」?

森田 もちろん「来週考える」ですよ(笑)。

――主人公の教師、川藤に関しては?

森田 キャラ表はほぼ作らないという話をしましたけど、川藤に関しては、少しだけイメージがあったんです。東京都出身なんだけど都会のど真ん中出身ではなくて、ワイルドな八丈島で生まれ育って、両親は明日葉《あしたば》農家。明日葉って、今日抜いても明日また生えてくるから明日葉という名ですよね。そういうものすごく丈夫でタフなところが、川藤とも重なるなぁって。

――『ROOKIES』は**川藤の名言が楽しみな作品でもありました**(※45)。あの名言はどのようにチョイスしていたのでしょう?

森田 実は……名言集っていうのをいくつか購入しまして(笑)。川藤は国語の教師ですし、セリフを長々としゃべるよりも、名言でバンっと短く端的に言い切ったほうがいいと感じたんです。俳句の素晴らしさもそうじゃないですか? 長々と説明しないからこそ、読んだ人が、その言葉の裏側というか、向こう側にある真意を汲みとろうと深く考える。だからこそ読み手に刺さる。

――一番のお気に入りの名言はありますか?

森田 それはもう、**「夢にときめけ! 明日にきらめけ!」**(※46)ですよ。これは名言集じゃなくて、自分で考えたんですけど、正直、流行語大賞を狙いにいってました(笑)。実は、『ROOKIES』では最初からドラマ化を

※44 コミックス1巻では、新庄にシメられるなど、やがてキャプテンとしてチームを引っ張る男の面影なし。当時はタバコも吸っていた。

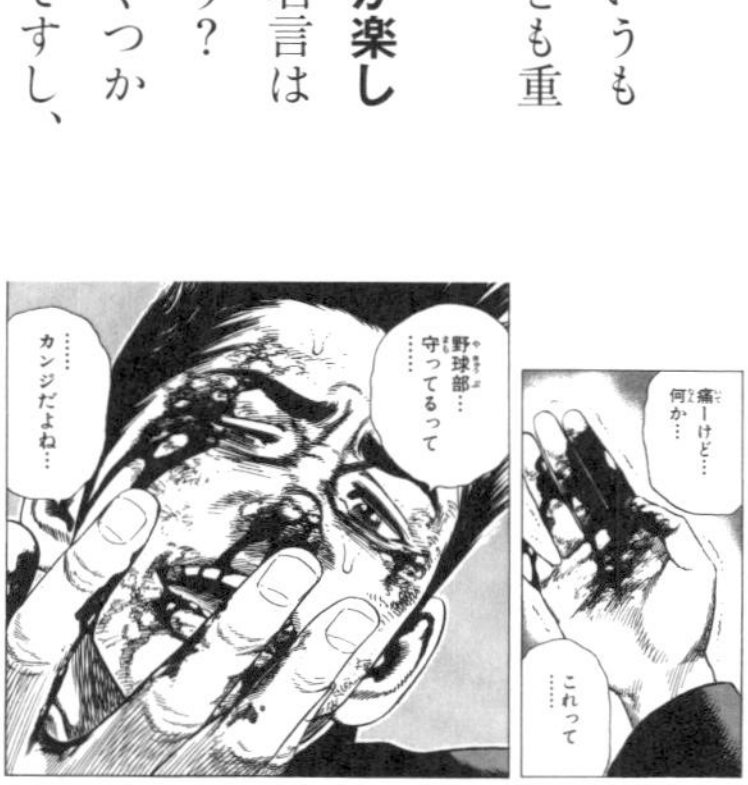

※45 川藤の言葉は、実直な行動が伴っているからこそ胸を打つ。「知らないなら教えてやろう。この世は希望だらけだ」など名言多数。

狙っていたんです。そういうのもあって、世の中の人が言いたくなるような、流行るような言葉を自分で作りたかった。結果、とれなかったですけどね、流行語大賞は。けっこう多くの人に届いてくれた気もするんだけど、やくみつるさんが反対したのかな（笑）。

——ドラマ化は、のちにTBSによって実現し大ヒット、映画化された『ROOKIES-卒業-』は興行収入85億円超えを記録。これは、漫画実写化映画としては、いまだに破られていない歴代1位の大記録です。それにしてもなぜ、ドラマ化狙いだったのですか？

森田　檀家さんに観てもらいたい。ただ、それだけの願いでした。檀家さんは、あまり漫画を読まれないんですよ。だから、ドラマ化されたら観てもらえるかなぁと。ずっとありますからね、お寺を継がなかったという罪にも似た意識は。

——そんな深い想いがありながら、でも某局からのドラマ化オファーはお断りされていますよね？

森田　はい。あのオファーは作品への愛が感じられなかったからです。作品を未読の読者の方のために説明すると、『ROOKIES』の舞台である二子玉川学園高校の野球部メンバーは、**僕が大好きな阪神タイガースの選手から名前をもらっているんですね**（※47）。なのに、ドラマ化の条件が「野球部の選手名を読売巨人軍の選手名に変えてほしい」でしたから。それは……ありえないですよね。だから、丁重にお断りしました。でも、実はそれよりも前に「ジャンプ」で1話目が掲載された時点で、ドラマ化のお話をいただいたりもしたんですよ。

——あ、そうだったんですね？

森田　でも、さすがに先の展開が見えなさすぎて、そちらも丁重にお断りして。ほら、当時の僕は「来週のことは来週考える」モードでしたから（笑）。

——そこで登場するドラマ化最重要人物が、俳優の**佐藤隆太氏**（※48）です。

森田　2003年に『ROOKIES』が終

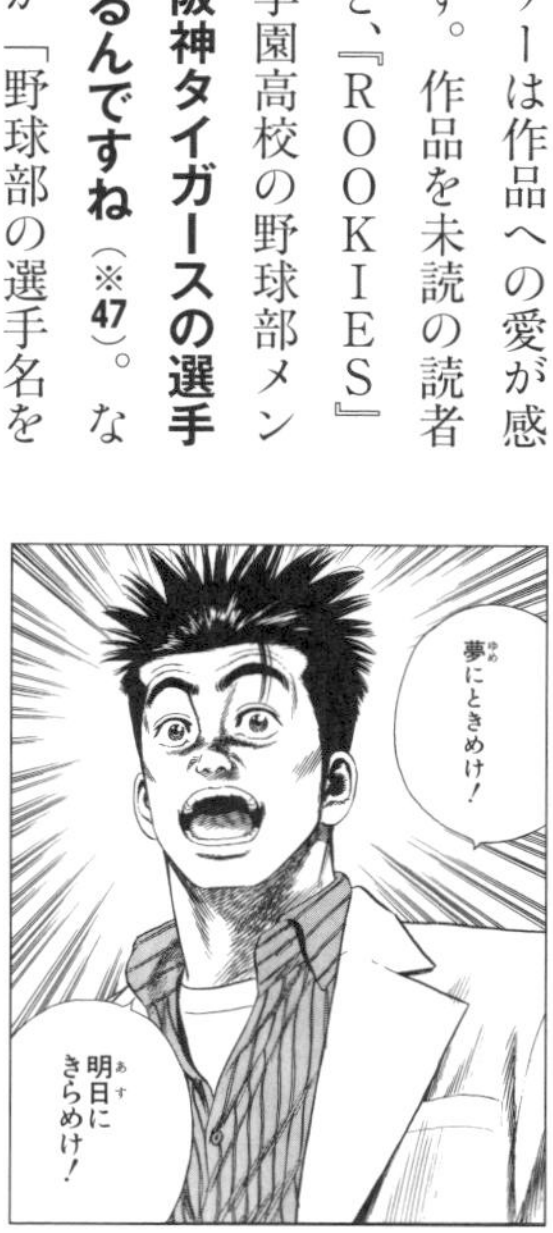

※46 この言葉を聞き、若菜たち野球部員は爆笑する。部活動などに興味はなく、自堕落な不良生活を送っていたからだ。1ヶ月後に組んだ練習試合にメンバーが揃わなければ辞職すると啖呵を切った川藤だが、若菜の「サッカーがやりてーんだ」との冗談を真に受けて……。

※47 記念すべき〝ニコガク〟野球部最初の試合のスターティングメンバー。初期には、古溝や藪などのメンバーもいたが退部してしまう。

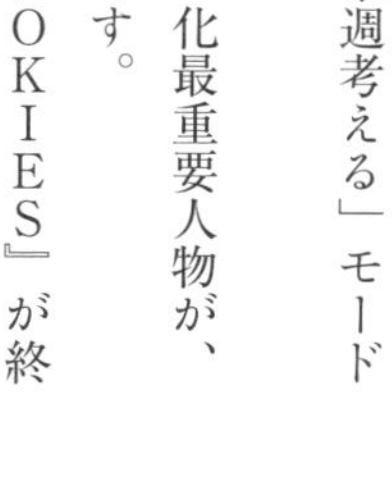

わってコミックス最終巻が出る頃だったと思います。（佐藤）隆太さんから手紙をいただきまして。その主旨は対談の依頼だったんですけど、「川藤をやりたい」と。「でもまだ僕は川藤を演じられる年齢ではないので、自分が成長するまで待ってもらいたい」というようなことを伝えてくれて。だから、そのあとも何度かドラマ化のオファーをいただいて、ありがたかったんですけど、「主役が佐藤隆太さんなら」とわがままを言わせてもらって。ダメならばお断りして。

――そのエピソードがすでにドラマチックです。森田さんとしては、当初からドラマ化を希望されていて、それは「メディアミックスでさらにヒット作を」といったビジネス的な視点ではなく、あくまでも「檀家さんのために」という気持ちがあったわけで。なのに、数あるオファーを断り続けるって。

森田　それは、僕がどうこうというよりも、すべては隆太さんの熱意ですよ。言葉にすると安っぽいですけど、やっぱり感激しましたから。「僕はいま役者としていろいろと苦労もありますけど、それも全部、『ROOKIES』につながると思えば耐えられます」とまで書いてくれていて。

――いま振り返るとですけど、『ろくでなしBLUES』終わりで『ハゼドン』的な作品を描かなくて、本当によかったですね。

森田　ですね（笑）。いや、それはそれで、いつか描いてみたいですけどね。あと、『ROOKIES』のドラマ化で、漫画へのフィードバックとして勉強になったのは、五十嵐隼士さんが演じた**湯舟というキャラクター**（※49）でした。『ROOKIES』は群像劇でもあるので、ニコガク野球部のメンバー内で若干のキャラの被りがあったんですね。でも、ドラマ版では、いい意味で湯舟がチャラく演じられていたんですよ。あれは、勉強になりました。

――では、『ROOKIES』の一番好きなキャラと、一番好きな場面について教えてください。

※48 1980年生まれ。東京都出身。ハマり役となる『ROOKIES』での川藤幸一役が、連続ドラマ初主演となる。

※49 8番打者ながら、意外性という名の勝負強さを持つ。速くスイングしすぎて、一周したバットにボールが当たりヒットにしたことも。

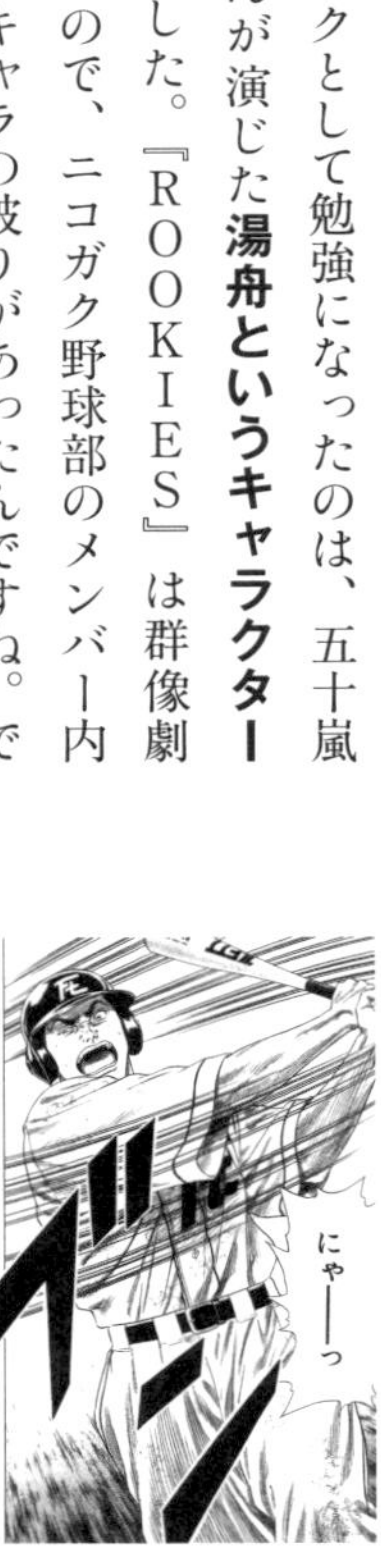

※50 川藤不在で迎えた対目黒川高校戦。この時、打率4割近いアベレージを残している若菜は右手人差し指を負傷して控えにまわっていた。だが、盟友桧山との秘密練習でミートだけならいけると判明。桧山はチャンスでの代打・若菜を進言するのだが……。

森田　はじまりはいろいろとありましたけど、『ROOKIES』は本当に描いてよかった作品です。キャラクターも好きなやつが多いんですけど、一番となると桧山ですね。若干、若菜というキャラクターと被る部分もあるんですけど、若菜は野球がうまくて結果も出すんだけど、桧山だって努力しているはずなのに、報われないところが好きなんです。だから、一番好きな場面も、**桧山が涙ながらに自ら引いて若菜に代打を任せる、あの場面**（※50）。あと、**濱中も自分のなかではかわいいキャラクター**（※51）ですね。愛《う》いやつよ、みたいな感じ（笑）。

——**掛布先生**（※52）はどうですか？　川藤をライバル視するちょっと嫌なところもある先生なんだけど、ちゃんと自分を省りみて自己嫌悪を感じている描写が新鮮でした。

森田　そうそう（笑）。掛布も好きですね。もちろん、川藤も大好きです。だって、僕が子供の頃から憧れている元阪神タイガースの田淵幸一さんの下の名前の「幸一」を冠したほどのキャラクターですから。ちなみに、これまでも田淵という苗字を何度か主人公に付けようとしたんですけど、僕の田淵さんへの畏敬の気持ちが強すぎて、どうにも無理でした（笑）。

——名前といえば、キャラクター名はどのように発想するのでしょう？

森田　実は、名前を考えるのって、ものすごく苦手なんです。恥ずかしくないですか？　自分の漫画の登場人物の名前を自分で考えるって？

——わかりません。なにしろ漫画を描いたことがないもので（笑）。

森田　ほかの作家さんはどうなのかなぁ。僕は苦手ですね、名前を考えるのが。だから、阪神タイガースの選手名を登場人物たちに付けたりするのだと思います。

——となると気になるのが、『べしゃり暮らし』の主人公・上妻圭右です。念のため、上妻で野球選手名を調べてみたのですが、該当する人物はいませんでした。

※51 濱中太陽のこと。平塚を慕って"ニコガク"野球部に入部した、主要メンバーの1学年下の後輩。先輩に迷惑もかけるが憎めない男。

※52 同僚の美人教師藤田に恋心を抱く社会科教師。勝手に川藤を恋敵と思い込んでいる。愛用のスーツはポール・スミスで常に蝶ネクタイ。

森田　実は、圭右の苗字って三味線奏者の上妻宏光さんの影響なんです。その頃、上妻さんのCDをよく聞いていて「上妻」って主人公クラスの苗字だなぁと心に残ったのかもしれません。圭右は、ますだおかだの岡田さんから。『べしゃり暮らし』のはじまりは「ジャンプ」でしたから、主人公はやんちゃなやつにしたかったんです。辻本や子安のように、わりと悩むタイプではなくてね。そこから天然の天才というキャラクターを探っていったんですけど、その点で、岡田圭右さんは、天然とはまた違うんでしょうけど、怖いもの知らずでしょ（笑）。ああいうところが（上妻）圭右っぽいなって。

――『べしゃり暮らし』には多くのコンビが登場します。彼らのコンビ名を考えるのも大変なのでは？

森田　いや、不思議なことにコンビ名ならいくらでも考えられるんです。ちなみに、主人公コンビの「べしゃり暮らし」は、大好きな「笑い飯」さんから影響を受けて思いついた名前なんですよ。笑いを飯のタネにしようという笑い飯さんと、べしゃりで暮らしていこうというべしゃり暮らし。意味的なオマージュでもあるんですよね。

漫画家になってはじめての涙

――さて、森田まさのり最新作にして、「ライフワーク」とも公言している『べしゃり暮らし』について詳しくお聞きします。このインタビューの冒頭では「昔から憧れていた芸人という存在のかっこよさと、その世界のシビアさにドラマがないわけがない」との初期衝動があったと。そもそもなぜ芸人に憧れがあったのでしょうか？

森田　それはやっぱり、松本（人志）さんです。笑いの世界は、松本人志以前と以後で線引きができるぐらい、その発想の仕方が、多くのフォロワーを生んだと思うんです。発想の仕方を発明したとさえ言えるというか、日本中の人が松本さんをキッカケとして新しい笑いに目覚めたというか。たとえば松本ファンならみなさんご存じでしょうけど、「カモシカのような足という表現はおかしい」「それを言うなら、カモシカの脚のような足」という発想って相当すごいことだと思うんです。

——滋賀県という関西出身の森田さんは、やっぱり子供の頃からお笑い好きで?

森田　お笑い自体への関心というか、ウケたい気持ちは人一倍だったけど、お笑い番組への関心は人並みでした。ダウンタウンさんにしても、関西でブレイクした頃の『**4時ですよ〜だ**』(※53)は観ていなくて、漫画家になってから「**ガキ使**」(『ダウンタウンのガキの使いやあらへんで!』)(※54)でファンになったんです。ずっと漫画を描いていたから、「ガキ使」のような日曜深夜とかじゃないと、テレビを観るということができなくて。

——では、『べしゃり暮らし』でも描かれている漫才コンビへの興味でいうと?

森田　**『THE MANZAI』ブームの頃に知った紳助・竜介さん**(※55)です。中学生の頃でした。それまではスーツ姿が定番だった漫才の世界で、あのお揃いのツナギと速い言葉のやりとりは衝撃的でした。いままでの漫才を壊して新しいモノを作ってくれそうなワクワク感がありました。

——少しばかり突然感のある質問を。うまい漫画って、ほめ言葉ですか?

森田　あぁ、「おもしろい漫画」は確実にほめ言葉ですけど、「うまい漫画」は微妙ですね。とりあえず、「ありがとうございます」とは言いますけど(笑)。いま思ったんですけど、それって、漫才にも通じる質問なのかもしれない。「うまい漫才」はたぶん完全なるほめ言葉じゃないし、でも、「うまいツッコミ」はおそらく完全なるほめ言葉で、「うまい絵」もそうだと感じました。でも、なぜ突然その質問だったんですか?

——森田さんの発言からは、「THE オリジナル」なものへの敬意が感じられます。ご自身もまた『べしゃり暮らし』を2作目に選ぼうとした時、「まだ誰も描いていないジャン

※53　夕方4時からの放送にもかかわらず高視聴率を記録した。月曜日から金曜日の帯番組で、1987年〜1989年まで放送。

※54　1989年から現在まで放送されているバラエティ番組。ダウンタウンの冠番組で、実験的、革命的な企画が多いことでも知られる。

※55　1977年、島田紳助と松本竜介によりコンビ結成。若者狙いのその芸風は「ツッパリ漫才」とも呼ばれ、漫才ブームを牽引した。

ル」という点もポイントでした。ということは、技術も漫画の大切な要素ではあるけれど、もっと大切にしているものがあるのではと想像したからです。

森田　なるほど。自分自身が「THE　オリジナル」な漫画家かどうかはさておき、そういう人たちは、本当に素晴らしいと思います。いままでに見たことのないなにかをやるというのは、かなり尊いことだと思うので。漫画家でも**鳥山明先生**（※56）なんてまさにそうですし、表現者に限らず、たとえばスポーツの世界でもメジャーリーガーの大谷翔平選手なんて大好きですから。大谷選手は、従来だったらあるわけないことをやっているわけですよね。それがすごい。正直に言うと、大好きな阪神よりも、いまは大谷選手に注目しちゃってますから。たぶん、**水島新司先生**（※57）もびっくりしていると思う（笑）。

——大谷選手のすごさは誰もが感じていると思うのですが、森田さんはなぜ、「THE　オリジナル」に惹かれるのでしょう？

森田　大谷選手は成功者ですけど、僕は「THE　オリジナル」を目指している時点で、その努力が実っていないとしても素晴らしいと思うんです。実は、そのことって、今後の『べしゃり暮らし』のテーマのひとつでもありえるなぁと考えています。今回のコミックス20巻では、NMCというM－1をモチーフとした漫才の大会を中心に描いていて、ここまでで第1部完となります。で、今後は、プロ編に突入する。となると、「才能」というのは、避けては通れないテーマで、でもいまの僕ではまだ踏み込んだものが描けない。だから、もっともっと、リサーチをしないとなぁと考えています。

——リサーチでいうと、ここまでの『べしゃり暮らし』は、芸人に話を聞く以外に、どのようなことを？

森田　まず最初にNSC（吉本総合芸能学院）と呼ばれる吉本さんの芸人養成所を取材させてもらいました。小堀さんといろいろなお話をさせていただくうちに仲良くなって、そのつ

※56　１９５５年生まれ。愛知県出身。『Dr.スランプ』『DRAGON BALL』で知られ、仏芸術文化勲章も受章している。

※57　１９３９年生まれ。新潟県出身。野球漫画の第一人者であり、代表作は『野球狂の詩』『ドカベン』『あぶさん』など多数。

※58　漫画家・長田悠幸による、お笑いの「大喜利」をテーマとした作品。２０１２年より「ヤングガンガン」にて連載された。

※59　２０１６年と翌年の2回開催された。宣伝用のチラシには「超豪華作家陣による〝ギャグ〟の祭典!!」。豪華な出場者とそのガチな大喜利っぷりが話題となる。左図の大喜利2例はすべて森田の回答。写真左隣りの人物は〝年下なのに先生付〟の東村アキコ氏。

ながりから、あべこうじさんとも知り会えたんですね。実は、あべさんがNSCを紹介してくれたんですよ。

——どうでしたか？　はじめて見る芸人の世界、その一端は？

森田　とにかく衝撃的でした。お笑いの学校という「お」が付くほのぼのとした感じじゃなくて、まるで軍隊のようだったんです。とにかく、挨拶に厳しかった。最近ではそこまで厳しくないようなのですが、当時は、本当に軍服を着て授業をする講師の方もいたらしくて（笑）。

——リサーチと呼べるのかわかりませんが、2018年にはM－1グランプリ（以下、M－1）に参加までしますよね？

森田　あれは……たまたまです（笑）。『ろくでなしBLUES』終了後の茨木さんとのやりとりで「お笑いを漫画で描くのは難しい」と僕自身も結論付けていたじゃないですか。でも、それを覆してくれたのが、のちにM－1でコンビを組む長田（悠幸）くんでした。『**キッド アイ ラック！**』（**※58**）という高校生が大喜利バトルをするという漫画が、めちゃくちゃおもしろかったんですよ。お笑いを扱った漫画で笑いをとれるはずがないと考えていたのに、ちゃんと笑えて。その時、僕は赤塚賞の審査員をやっていたんですけど、同席していたつの丸に「長田悠幸ってやつは誰だ？」と聞いたんです。そしたら、つの丸も興味を持ったらしくて、ツイッターでつぶやいてくれて、長田くんがつの丸にコンタクトをとって、それで僕ともつながったんですね。そういえば、『キッド アイ ラック！』があまりにおもしろくて悔しくて、漫画家を集めての大喜利イベントを開催したことがあります。

——2016年11月に開催された「グランドジャンプ」5周年企画の『**漫画家大喜利大会**』（**※59**）でした。

森田　会場は新宿ロフトプラスワンで、かなり豪華な出場者でした。長田くんはもちろん、つの丸、**うすた京介くん**（**※60**）、**和田ラヂヲさん**（**※61**）、にわのまことさん、**東村アキコ**

［**お題**—①］
日本一のヤンキー高校。どんなとこ？
「**整列これです。**」

［**お題**—②］
そのプロポーズイケると思ったの!?
何て言った？
「**プロポーズはまともだったんですけど、着てるTシャツがSEX。**」

先生（※62）、**とがしやすたか先生**（※63）、**『ドーベルマン刑事』の平松伸二先生**（※64）ほかたくさんの有名な作家さんが来てくださって。あ、**おおひなたごうさん**（※65）もいました。すごい！

――細かい質問で恐縮です。森田さんのなかで、呼び捨て、くん付、さん付、先生の差ってどのような基準なんですか？

森田　単純に先輩後輩とかの差ですかね。じゃあ、なんで年下の東村アキコさんは先生なんだろ？　尊敬してるからかなぁ。姉御肌でかっこいいんですよ。ただ、つの丸だけは、絶対に呼び捨てですね。彼はね、ひとことで言うと失礼なやつなんです！　カラオケに一緒に行っても勝手にこちらが歌っている曲を消すし。まぁ、大好きな同業者でもあるんですけど。

――つの丸さんと仲良くなったキッカケは？

森田　『ろくでなしＢＬＵＥＳ』のなかで、**中島の着てるＴシャツ**（※66）に、つの丸のモンモンを描いたんですよ。その後、コミックスのあとがきを頼んだらそのことを書いてくれて、それで集英社のパーティで会ったのかな？　ま、そんな感じで仲良くなったんですけど、『ＲＯＯＫＩＥＳ』の時に失礼な仕返しをしてやったことがあります。

――気になります。どんな失礼返しを？

森田　つの丸が僕の仕事場に遊びに来てくれたことがあって。試合のシーンを描いている時だったので、「あのハゲのキャラクターを球場の観客に紛れさせて描いてよ」と軽く言ってみたんですね。そしたら、本当にさらっと描いてくれて。でも、彼が帰ってから〈ダメだな、これ〉と思って。アシスタントに頼んで、そのハゲのキャラの観客は切り取って、コピーをとって、記者席のひとりのＴシャツの柄にしてやりました（笑）。

――**そのＴシャツ、こちらで探してみます**（※67）。さて、大喜利大会の結果のほどは？

森田　優勝は和田ラヂヲさんでした。いちおう、僕が主催者だったのに、勝てなかったのが悔しくて悔しくて。でも、その打ち上げの

※60　１９７４年生まれ。愛知県出身。代表作は『ピューと吹く！ジャガー』『セクシーコマンドー外伝すごいよ!!マサルさん』など。

※61　１９６４年生まれ。愛媛県出身。１９９１年『イキナリどうだ』でデビューした。ラジオパーソナリティとしての横顔も持つ。

※62　１９７５年生まれ。宮崎県出身。ギャグからシリアスまで、ジャンル問わず活躍。代表作は『かくかくしかじか』『海月姫』など。

※63　１９５９年生まれ。東京都出身。４コマ漫画を数多く手がけ、『青春くん』『竹田副部長』『男のいろは』などの代表作あり。

※64　１９５５年生まれ。岡山県出身。70年代に大ヒットした『ドーベルマン刑事』は原作・武論尊、漫画・平松伸二によるアクション漫画。

※65　１９６９年生まれ。秋田県出身。ギャグ漫画を多数執筆し、代表作は『犬のジュース屋さんＺ』『目玉焼きの黄身いつつぶす？』など。

［歴代担当編集者が語る森田まさのり —— #2］

森田漫画のすごみはリアリティ

増田真晃 *Masaakira Masuda*

COLUMN

森田さんの最初の印象は、不健康極まりないイメージでした。顔は真っ白で体は細くて、いまにも死にそうな感じ。おまけに声がものすごく小さかった。「週刊少年ジャンプ」の連載作家は、わりと大きな休みが年に３回あるのですが、休み前の最後の原稿を取りに行って「お疲れ様でした」と挨拶した翌日から入院ということも何度かありました。

今回の書籍で森田さんご自身が「絵が苦手。ネームは好き」と語っているそうですが、自分の求める絵のレベルが高いだけじゃないですかね。もしも、ギャグ漫画家にそのふたつのことを聞いたら「ネームが苦手」と絶対に言うはず。ネーム作りに５日とかかけて、死にそうな思いをしてバカなことを考えるのって気が狂いそうになりますから。森田さんの「絵が苦手」発言は、ギャグ漫画家の場合の「ネームが苦手」と同じで、それだけ必死に絵と向き合ってこられたのではないでしょうか。ほかの作家さんだと、今週は背景が少ないなぁといった手抜きがあるものなのですが、あの人は一切なかった。だからこそ、体調を崩すほどに自分を追い込んだとしても絵に手を抜かない、いえ、抜けないのだと。

森田作品のすごみは、リアリティにあるのだと思います。それを支えているものがふたつあって、ひとつは圧倒的な画力。絵の下手な漫画家が、不良少年たちが甲子園を目指す作品を描いても「ふーん、そんなの漫画じゃん」で終わりですから。もうひとつが、キャラクター同士の関係性の妙。『ROOKIES』で、キャッチャーの若菜が安仁屋の剛速球を捕れないエピソードもそうで、いろいろあって桧山が若菜を殴りに行こうとすると。なのに、結果としてふたりで秘密の特訓をしちゃうっていう（笑）。10代の高校生男子なんて単純だし、そんなもんだよなぁというリアリティがものすごくある。キャラ同士が関係し合っているということ。その妙も森田作品の魅力のひとつだと思います。

ますだ・まさあきら　1992年入社。『ろくでなしBLUES』２代目、『ROOKIES』初代担当。ほかの担当作は小栗かずまた『花さか天使テンテンくん』、矢吹健太朗『BLACK CAT』など。

席でのある出来事が、M－1へとつながっていくんです。

——なるほど。長田さんとのM－1挑戦の様子は、P96からのドキュメント写真とともに、読者の皆様には振り返ってもらえればと思うのですが、特筆すべきはその行動力です。漫画家ふたりがM－1に出場するって、すごい話じゃないですか？　森田さんと長田さんのコンビ名は「漫画家」なので少々ややこしいですが（笑）。

森田　でも、たまたまですよ。詳しい経緯は、そのドキュメントページでしゃべりますけど、本当にたまたまで。

——では、『べしゃり暮らし』へのフィードバックは、一切考えなかった？

森田　それはもちろん考えました。自分が尊敬している芸人さんの世界のことを少しでも知れるのなら絶対にプラスになりますから。

——そんな『べしゃり暮らし』は、なぜ、森田さんにとっての「ライフワーク」たりうるのでしょう？

森田　一番描きたいテーマであることがひとつ。もうひとつは、世にあまたいる漫画家のなかで、たぶん僕が一番うまく描けるだろうなと思うテーマだからです。たしか手塚治虫さんの言葉だったと記憶しているんですけど、すごい漫画家には条件があると。1本目は出世作、2本目がヒット作で、3本目はライフワークであると。僕なんてまだまだですけど、『べしゃり暮らし』がライフワークになってくれたらうれしいですね。

——では、『べしゃり暮らし』で一番のお気に入りのキャラクターは誰ですか？

森田　デジタルきんぎょというコンビのツッコミである**藤川の嫁**（※68）と、**辻本のオカン**（※69）。このふたりは大好きです。

——となると、一番好きな場面は？

森田　**デジタルきんぎょの藤川があることで死んでしまうんですけど**（※70）、**その前夜に家族と回転寿司を食べて幸せそうにしている場面**（※71）。「ジャンプ」で週刊連載をしていた時は、「来週のことは来週考える」とい

※66 このコマの前フリが秀逸。「中島の野郎がなんとかという漫画家のサインもらったからって見せびらかしてんだよ」（勝嗣）。

※67 その〝ハゲのキャラ〟がこちら。対笹崎高校戦で描かれており、つの丸氏との親密さがわかる。

※68 肝のすわったザ・浪花な女。口癖は「死んだらええねん」だが、性根はやさしい。長男の名前は阪神の藤川球児投手がモデル。

※69 元芸人だけあって、とにかくよくしゃべる。べしゃり暮らし・辻本潤のツッコミはふだんの母との会話から磨かれた部分もあり。

おもしろいから
笑うんやなくて
笑うからこそ
おもしろいんやで

※70 一時は仕事以外で会話すらないほど険悪だったデジタルきんぎょというコンビ。圭右との出会いとそのまっすぐな言葉により、若手時代のような関係性に戻る。そして、優勝候補と目されたNMCで見事に決勝進出を果たすのだが、その夜……。

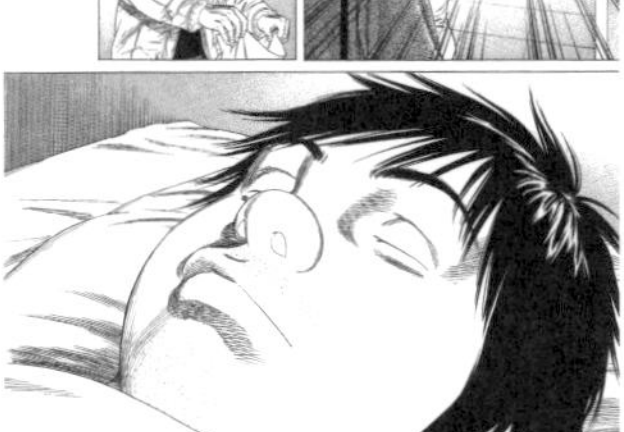

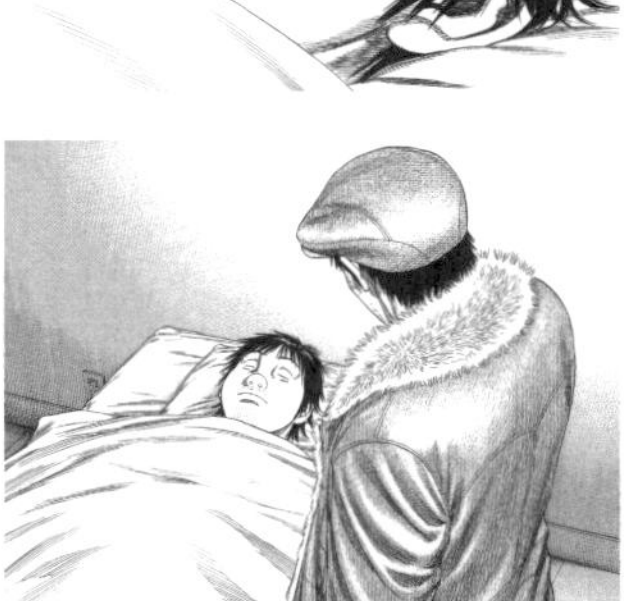

うそや———っ
下柳くん
うそやろ!
なぁ!

回転寿司

カンパーーイ!
カン
カン
お前 玉子焼き
ばっかり食うな
お父ちゃん
ごはん
とばさんといて
まぐろや
ほれ
まぐろ!
ちょっと
ウニ取って

また
サーモン
行ってもた

※71 デジタルきんぎょの相方・金本の助言もあり、久しぶりに親子水入らずの時間をすごす藤川ファミリー。実は、この夜まで、藤川は最愛の息子である球児と微妙な親子関係にあった。球児が父親を嫌っていた理由は藤川の仕事＝笑いだったのだが、NMC準決勝のネタのおもしろさと笑い続ける観客を見て、球児は父の偉大さを知る。

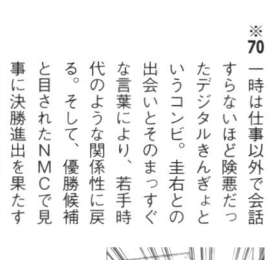

う方法で漫画と向き合うしかなかったんですけど、『べしゃり暮らし』ではかなりの全体構成を練ってから描き始めたんです。だからわりと早い段階で、藤川が死んでしまうというのは決めていたんですけど、その掲載回の最終段階のペン入れをしている時に、泣いてしまって。僕、漫画家になって以来、泣いたという経験がなかったんですけど、あの時はダメでした。〈もうすぐ、藤川が死んじゃうんだなぁ〉と思ったら、みんなで楽しそうにお寿司を食べてる場面で、藤川の口の中にご飯粒をいっぱい描いている時に、あぁって。あの経験は、特別な一コマに出合えた瞬間だったのかもしれません。

リアリティとリサーチ

——先ほどの藤川の死では多くの読者が涙を流したと思うのですが、**息子の球児が作文を読む場面と、藤川が死んでしまう場面が、オーバーラップ**（※72）します。この演出の妙も読者の涙の理由だと感じるのですが？

森田　それは、確実に好きな映画の影響だと思います。ふたつの時代を行き来する『ゴッドファーザー PARTⅡ』と、3つの時代が混じり合う『ワンス・アポン・ア・タイム・イン・アメリカ』という映画の影響ですね。この手の演出は、ともすると、わかりにくいと言われがちなんですけど、僕は観る側としても好きだし、表現する側としても挑戦したくなるんです。

——森田さんには禁じ手がありますか？

森田　禁じ手？

——いまのお話にも通じるのですが、漫画の手法のひとつに「現在」と「過去」を描く際、「過去」の背景を黒くするという手法があります。でも、森田さんはそれをせずに、時を

※72 その場面は、球児が作文を読むところから始まる。以後、球児が作文を読む教室と藤川の死に揺れる人々の描写が行き来するのだが、音声（セリフ）は球児の作文のみ。その映画的演出が心に響く。『ROOKIES』13話「山椒魚」にも同様の演出あり。

行き来させていますよね？
森田　その演出にも「わかりにくい」という批判はあるんですけど、僕は好きなんですよね。それでも、ひとつだけわかりやすくするために、「過去」に戻る最初のセリフだけ、**書体をほかと違う明朝体に変えてます**（※73）。でも、禁じ手というよりも、あまりほかの作家さんがやっていないことに挑戦したいという言葉のほうが正しい気がする。

――森田作品でおなじみとなった、コミックスを横位置にレイアウトするアイデアは？

森田　『ろくでなしＢＬＵＥＳ』の13巻で、はじめてやりました。おそらく、漫画界では僕がはじめてだったと思います。単純に、かっこいいかもと感じただけなんですけど。

――では、技術論を超えて、根本的な質問を。森田さんは、漫画におけるリアリティをどのように捉えているのでしょうか？

森田　デビューからの2作と『べしゃり暮らし』とでは、ちょっと違うのかもしれないです。『ろくでなしＢＬＵＥＳ』と『ＲＯＯＫＩＥＳ』では、絵的なリアリティに関しては、こだわりがあったけど、物語としては、なんて言うんだろ、ふわっとしてる。

――ふわっとしてる？　あ、ファンタジーの要素があるという意味ですか？

森田　そうですそうです。これは、「ジャンプ」という少年誌に掲載されていたからというのもあると思うんですけど、『ＲＯＯＫＩＥＳ』にしても一部の選手以外は、野球のど素人だったわけで。それが甲子園に行ってしまうというのは、ファンタジーといえばそうなんだけど、そこが少年漫画の魅力のひとつでもある。『ろくでなしＢＬＵＥＳ』にしても、コンクリートの道路でバックドロップしたら、死んじゃいますから（笑）。

――ということは、『べしゃり暮らし』のアプローチはまったく異なるわけですね？

森田　違います。芸人さんの生き様を描きたかったわけなので、ファンタジーには絶対にできないなと思っていましたから。それは芸人さんに対して失礼にもほどがあるだろうと。

※73　左図の上部2コマは、実家を出てひとり暮らしを始めた圭右の描写。そこから、回想シーンに入るのだが、3コマ目（拡大図）のセリフのみ、ほかとは違う明朝体になっている。4コマ目以降は、まだ実家で暮らしていた頃の圭右と客との会話につながっていく。

だからこそ、リサーチや取材をきっちりやろうと考えました。

――『べしゃり暮らし』のコミックス1巻では「この作品の世界観を守るために、あえてやっている事、やっていない事が、いくつもあります」と書かれています。この言葉も作品世界のリアリティにつながるのでは？

森田　そうです。これは、説明するのが難しいんですけど、登場人物たちの汗の描き方ひとつにも僕なりのルールがあって。たとえば、漫才コンビという意味ではなく、キャラクターとしてボケ的なやつとツッコミタイプがいたとしますよね。彼らの日常生活で、ボケタイプのやつに天然な出来事があって「なんでやねん！」とツッコミが入る場面って、ボケのほうが「え？」みたいな感じで汗をかくと思うんです。その汗のおかげで読者が笑いやすくなる場合もあるし。

――漫画特有の記号の妙ですね？

森田　そうです。でも、『べしゃり暮らし』の漫才の場面は、とんでもない会話が飛び出したとしても、ネタなのだから相方はそれを事前にわかっている。ということは、汗をかかせられない。でも、読者への見え方としては焦るなりなんなり、ネタを知らない体《てい》の描き方が必要になるんです。……って、わかります？　自分でもうまく説明できている自信が一切ないんですけど（笑）。

――ギリギリついていけてる気がします。つまり、読者には「おもしろい場面ですよ」と伝えたい。漫才ですから。でも、ふつうの漫画ならおもしろさを伝える有効な手段の汗を禁じ手にしているから、そこが難しいと。

森田　そうです！　でも、実際の漫才コンビがそうですけど、事前にネタを知っているということをわからないように会話するからおもしろいわけで、焦る場面では、まるでその時はじめて聞いたボケのように焦って反応するわけですよね？　ということは、焦ってるのに汗はなく、でも、焦ってることをちゃんと表現しなくてはダメということなんです。

――なるほど。ものすごいパラドックスがあ

※74 “焦る汗”がこちら。べしゃり暮らしの実力を妬む芸人の妨害工作により、辻本はネタがとんでしまう。コミックス16巻より。

るんですね。
森田　しかもですね、『べしゃり暮らし』のなかでは、ネタがとんでしまうだとか、相方にうまく合わせられるだろうかとか、**本当に焦る場面**（※74）がある。その場合は、汗をかかせないとリアリティがないんです。つまり、おもしろさを伝える汗ではなくて、本当に焦っているという意味でのリアルな汗。そういう『べしゃり暮らし』ならではの世界観を崩さないためのルールは、本当に難しいです。描き始める前は、茨木さんが指摘したように、漫才のネタを考えるのもたしかに難しいかもなぁとは思っていたんですけど、全然そんなことはなくて。「この漫画のなかでなにがおもしろいとされているか？」ということを、いかに読者に伝えるかのほうが、めちゃくちゃ難しくて。

——なるほど。そうなると別の問題が出てこないですか？　森田さんが『べしゃり暮らし』でこだわっているリアリティだと、ある意味でガチなわけで、描かれているネタがおもしろくないと読者は笑ってくれない。

森田　いえ、そこは矛盾するようですけど、早々にあきらめました。そこまでの笑いの才能は僕にはないので。その代わり、あえて使っているのが**「どっ」というウケた時の漫画的表現**（※75）なんです。めちゃくちゃ恥ずかしいですけどね、「どっ」って入れる時は。だって、自分で考えた漫才に自分でウケた印を入れているわけですから。本当に恥ずかしいんですけど、何度も言いますけど、『べしゃり暮らし』はそこじゃなくて、描きたいのは芸人さんの生き様だから。

——さらに質問を重ねると、単純に漫才パートをイメージ化してしゃべってる風にするとか、いまのようにきちんとしたセリフを載せなければ済む話なのでは？

森田　それはもちろん考えたんですけど、そこは僕の挑戦でもありました。漫画にはセリフを書けるフキダシがある。せっかくあるんだったら、そこは逃げちゃダメだぞって。音楽漫画で『ＢＥＣＫ』ってありますよね？

※75　本書の「漫才をべしゃる」では、M－1予選出場を体験して、「どっ」という描写が間違っていなかったと語る森田の言葉を掲載。

——ハロルド作石氏による傑作音楽漫画です。森田さんの挑戦と同じく、音が鳴らない漫画という表現では難しいとされていた音楽モノにもかかわらず、人気を博しました。

森田　僕はハロルドさんも勝手にライバル視しているんですね。年齢も近いし、出自も似ていると感じていたんです。**『ゴリラーマン』**（※76）という学園喧嘩モノで連載デビューして、次のヒット作の**『ストッパー毒島』**（※77）は野球モノだった。その流れで、たしかに挑戦的な音楽モノの『ＢＥＣＫ』。連載開始当初から大好きな漫画でしたから、コミックスを楽しみに買って読んでいたんです。でも、ラップの場面でリリックが書かれていなかった回を読んだ瞬間に、続きを読むのをやめてしまって。それまでにもあったように、歌詞の描写で言葉がなかったのは気にならなかったんですけど、ふつうの音楽よりもさらに言葉が強い意味を持つラップだけは、ちゃんと書いてくれよって。もちろん、それは僕の考えで、ハロルドさんには別の想いがあったんでしょう。でも、自分が読者としてそう感じた以上は『べしゃり暮らし』では、漫才の場面で絶対に逃げたくありませんでした。

——では、絵の面でのリアリティは？

森田　高校時代の美術部で、油絵を描いていた時は写実的な絵を描きたかったんです。スーパーリアリズムな絵ってありますよね。でも、あれってパラドックスがあって、リアルであればあるほど、写真に近くなってしまって、誰が描いたのかはわからなくなってしまう。あぁ、こっちは違うなって早々に引き返したんです。じゃあ、漫画の世界でのうまい絵というのは、僕の基準では、パッと見ただけで誰の絵かがわかるもの。それがうまいということだし、その人なりのリアリティだと思います。

——背景のこだわりならばどうでしょう。編集者の小野房さんにも周辺取材したのですが（P55掲載）、『ＲＯＯＫＩＥＳ』のリサーチで**神宮球場に行った時のこと**（※78）。資料写真のおさえ方が、マウンドに立って8方向。座

※76 ハロルド作石の連載デビュー作。1988年より「週刊ヤングマガジン」にて連載された。タイトルは無口で無表情な主人公のあだ名。

※77 主人公・毒島大公が、イチローなど実在するプロ野球選手と対戦する場面も話題に。1996年〜1998年に連載された。

※78
夏の選手権東東京大会5回戦の会場は、神宮球場。4回戦で強豪笹崎高校を延長の末に、安仁屋のサヨナラホームランで勝利を収めた〝ニコガク〟野球部。対する5回戦の相手は、江夏と河埜という規格外のバッテリーを擁する目黒川高校だった。そんな熱戦の舞台をつぶさにリサーチした写真と実際のコマが本ページの図版である。

って8方向。次にフィールドのあらゆる場所から8方向。さらに、バックネットからマウンドの写真や客席からも8方向で撮影したと。徹底していますね？

森田　しかも、ほとんどの写真を自分で撮っていますから。ほかの人に頼むと、いわゆるいい写真を撮ろうとする。でも、僕は、その背景を描きたいんじゃなくて、その背景と一緒にとけ込んでいる登場人物を描きたいんですよね。だから、その人物がいることを想定して撮りたくて、そうすると結局、自分で撮るのが手っ取り早いっていう（笑）。

――なるほど。

森田　もちろん、背景そのもののリアリティも僕の作風にはとても重要なので、きちっと仕事してくれているアシスタントにはめちゃくちゃ感謝しています。先ほどの自分の絵のこだわりと一緒で、リアリティは重要なんだけど、人物とのマッチングというか、僕の絵に合うリアリティがほしいので。あと、キャラクターたちの**服のシワ**（※79）には、いつの間にかこだわるようになってきました。言葉にすると変な感じなんですけど、間違ったシワを描きたくなくて（笑）。

若手編集者からのダメ出し

――素朴な疑問です。『べしゃり暮らし』以降が顕著だと思うのですが、なぜそこまで自分なりのリアリティにこだわるのでしょう？

森田　なんでなんですかね。……いま、思い出したのは、ある編集者に言われた言葉でした。僕には、担当編集者に言われてショックだったワースト3というのがあってですね、いま思い出したのは、ワースト1だったんですけど、せっかくなので3位から思い出していいですか？

――もちろんです。では、ワースト3位は？

森田　僕がデビューして6年目か7年目ぐらいで『ろくでなしBLUES』を描いていた時に、Oさんという入社2年目の編集がついてくれたんですよ。その人に言われたのが、

※79　NMCの舞台にのぞむ、デジタルきんぎょの晴れ姿より。

「一度でいいから私の言う通りに描いてみませんか?」でした。

――ある意味、すごいです、2年目でその発言は(笑)。

森田 Oさんは原先生の『**猛き龍星**』(※80)という作品も担当していて、Oさんのアイデアでクジラを登場させたらアンケートが伸びたらしいんです。だから、ちょっと勘違いされてたのかなぁ(笑)。まぁ、これも漫画家によるみたいですけどね。僕は、誰かのアイデアで描くというのが本当に嫌なので。

――いまので3位というのなら期待せずにはいられませんが、では2位は?

森田 2位はですね、ほかならぬ、先ほどの小野房さんなんですけど、『べしゃり暮らし』の連載開始前なので、僕が17年目ぐらいですかね。彼はたしか1年目だったと思うんですけど、雑談している時に、『べしゃり暮らし』に変な影響が出るのが嫌だから、お笑いをテーマにした漫画は読みたくないと言ったんですね。実際、『ろくでなしBLUES』の時も、当時の人気作だった『**BE-BOP-HIGHSCHOOL**』(※81)を読んでしまって、影響を受けてしまったのが、自分としては嫌だったんですよ。そういう話を全部したのにもかかわらず、小野房さんは、ひとこと「先生、それじゃあ伸びませんよ」って(笑)。

――(笑)。さて、記念すべきワースト1位です。

森田 3位とは別の編集者のOさん。この人も1年目か2年目の編集者だったと思うんですけど、打ち合わせ中に、ふとつぶやくようにこう言ったんです。「先生はインプットが足りないからなぁ」と。自分としても心当たりがあるんで、笑って受け流そうとしたんだけど、笑顔が引きつっていたと思います。

――まとめると、おそるべしです。「ジャンプ」の若手漫画編集者、「私の言う通りに描いてほしくて、それじゃあ伸びなくて、インプットが足りない漫画家、それが森田まさのり」だと。

森田 (笑)。でも、ワースト1位のOさんの

※80 弱冠16歳にして暴走集団連合体の総括総長となった青年が主人公。1995年より「週刊少年ジャンプ」にて連載された。

※81 1983年~2003年の約20年間も「週刊ヤングマガジン」で連載された。不良高校生漫画の傑作。作者はきうちかずひろ。

言葉は、いまでも感謝しているんです。もし、あの時に「インプットが足りない」と言われていなかったら、いまだに続けているリサーチを怠ったかもしれないですから。ただ、ショックでしたけどね。いまでも、あの街のあのルノアールのあの窓際のあの席で言われたって、きっちりと覚えていますから（笑）。

――読者のなかには、「なぜ森田さんには若手漫画編集者ばかりがつくのだろう？」との疑問を抱いた人もいるかと思います。

森田　そうでしょうね。こっちとしては嫌なものですけどね。若手が嫌ということじゃなくて、よく変わるんですよ、僕の担当編集者が。そうすると、イチから信頼関係を作らないといけない。漫画家にとって、編集者とはとても大切な存在で、いなければ漫画が描けないと僕は思うので、余計にそうなんです。

――担当が変わる問題の真意は不明ですが、なぜ若手が多いのかは、周辺取材でわかりました。『ろくでなしＢＬＵＥＳ』と『ＲＯＯＫＩＥＳ』で担当編集者だった増田さんによれば「とにかく進行が優秀。１日で打ち合わせとネームが終わり、あとの６日間は作画。ふつうは打ち合わせからネームまで２、３日かかるし、そのネームも約束の時間に間に合わず、こちらが催促する場合も多いから」とのことでした。

森田　それはですね、僕の進行が優秀というよりも、別の問題が大きいんです。

――どういう問題ですか？

森田　絵を描くのが遅いんです。原先生との想い出のところでもしゃべりましたけど、ものすごく時間がかかる。だから、作画に６日かけないと、間に合う気がしなかった。絵を描くのが苦手なんです、漫画家なのに（笑）。

――それは絵に対する向上心の裏返しにも聞こえます。

森田　いえ、そんなにかっこいいものじゃない。キッカケみたいなものはありましたよ。『ろくでなしＢＬＵＥＳ』の海外版が発売されたことがあるんですけど、日本版がこの本と同じように右開きなのに対して、海外版は逆側から開く左開きになると。そのために、入稿した絵をひっくり返して左右反転されて印刷される。で、出来上がったものを見た時に、僕のデッサンがものすごく狂っていることに気づきまして。それ以来、しょっちゅう原稿をひっくり返して確認をするもんだから、絵を描くのに時間がかかってしまうようになって。だから、小畑健のように、早くて絵のうまい漫画家がうらやましくてしょうがないですもん。構想段階で本人から聞いてびっくりしたんですけど、小畑健って、2019年7月から開催する自身の原画展で、「ずっと絵を描いていたい」とか言うんですよ。連載中の漫画を描いているところを、来場してくれた人たちに見せようかなぁと。もうね、信じられない。僕は、遅いだけじゃなくて、描いている時の手元なんて、恥ずかしくて絶対に見せられないですから。修正液のホワイトも使いまくるし。

——やっぱり、向上心のように聞こえますが、質問の角度を変えて、森田作品の絵に関してのオリジナリティならば？

森田　表情ですかね。作業デスクの上に鏡を置いているんですけど、登場人物のセリフの語尾に合わせた口にしたいんです。小林まこと先生が描く表情のこだわりからの影響だから、オリジナリティとは言えないかもしれないですけど、自分なりにこだわっているポイントです。しかも、大げさに描くのが目標じゃなくて、リアルに描きたい。一番難しいのは**「えー」の口だと思います**（※82）。「あー」の口と似ているんですけど、「えー」をうまく描くコツは、「あー」の口で舌を前に出すこと。……って、なにを熱く語ってるんだろう。もし、漫画家志望の人がこれを読んでくれていたとしても、誰も参考にしないだろうし（笑）。

——先ほどの「リアリティ」をテーマにしたインタビューでは、漫画における「うまい絵」とは、パッと見ただけで誰の絵かがわかるもののとのことでした。

森田　そうです。そして、売れている人は、

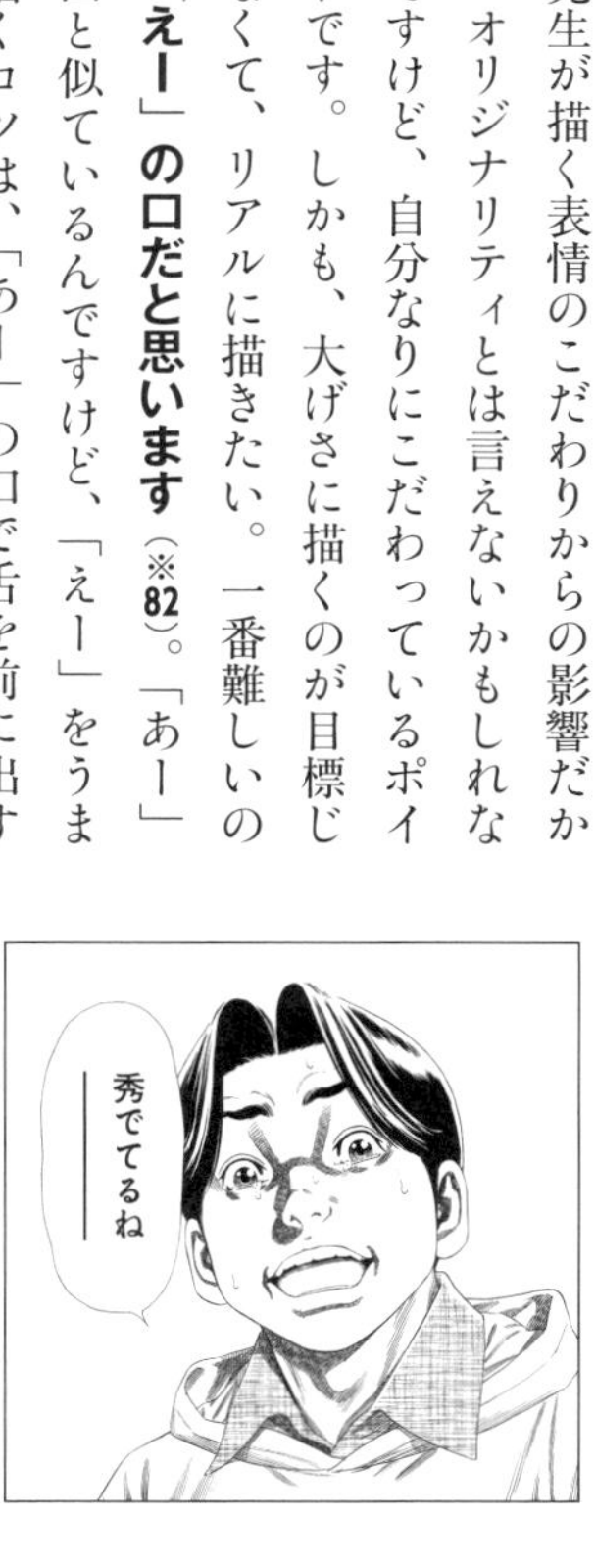

※82 森田がこだわる語尾をリアルに再現した口、その一例となるコマ。トリオでの「べしゃり暮らし」として最初で最後の舞台上で、オチに子安が発した「秀でてるねー」の「ね（えー）」の口。

全員パッと見ただけで誰の絵かわかるのはもちろん、フォロワーが生まれるもの。**『ONE PIECE』の尾田栄一郎くん**（※83）がまさにそうで、彼の絵は一目でわかるし、ひところ、ものまねする新人漫画家が異常に増えましたよね。そうそう。いま思い出したんですけど、１９９３年に『Ｋａｍｅｄａｓ』という書籍で「こち亀」の両さんをいろんな漫画家が描くという企画があったんですけど、あろうことか僕、秋本先生の画風をそっくりにまねて提出しちゃって。担当編集者が申し訳なさそうにダメ出ししてきましたからね。「こうじゃないんです」「森田さんの画風でいま一度お願いします」って（笑）。

――一方で、ネーム作業などの物語を作ることに関しては？

森田　好きです。もちろん、すらすらと浮かぶ時もあれば、詰まる場合もあるんです。詰まった時は、唸《うな》りながら捻《ひね》り出す感じですけどね。なけなしのインプットの引き出しをあれでもないこれでもないって開け閉めしながら。これも恥ずかしい話なんですけど、僕、ネームを作る時に声を出してセリフを読まないと描けないから、喫茶店とかじゃできないんです。だから、アトリエの作業デスクで必死になって向き合って。ひとつ言えるのは、絵が完成した時よりも、いい話が完成した瞬間のほうが達成感は大きい。「これはいいネームができそうだぞ！」って時は、完成させちゃうのがもったいないなぁとも思うんです。だって、完成させたら、自分としては苦手な作画作業が待ち構えていますから。

重度の過労、休載、父の死

――森田さんは『べしゃり暮らし』のコミックス３巻までが「ジャンプ」で、以後、「赤マルジャンプ」「週刊ヤングジャンプ」と掲載誌が移行していきました。健康面のことが大きかったのでしょうか？

森田　そうです。『ろくでなしＢＬＵＥＳ』の時はまだ若かったしなんとかなったんです

※83　１９７５年生まれ。熊本県出身。『ＯＮＥ ＰＩＥＣＥ』は１９９７年より連載が続いており、その累計発行部数はギネス世界記録に。

けど、それでも盆と正月の合併号のタイミングになると必ず風邪を引いたりしてたんです。『ROOKIES』の時は、何度か体調を崩してしまって休載があって……。

――『ROOKIES』コミックス最終巻の作者コメントが印象的で、もはや懺悔といえる内容です。「連載中、度々休んだのは体調不良が原因です。（中略）苦しくてもがんばっている他の作家さん達に対して本当に恥ずかしい思いです」と。

森田　その時は、ちょっと休もうとソファに横になったら、そのまま起きられなくなってしまって……。病院に行ったらとくに病気ではなくて、重度の過労とのことでした。だからこそ『べしゃり暮らし』では体調を万全にして、「ジャンプ」で描き続けたかった。でも、無理でした。週刊ペースが無理だからという理由以外に掲載誌が変わったことの要因は僕のなかではないですね。

――体調面のことを含めて、漫画家をやめたいと思ったことはありますか？

森田　ないです。お寺を継ぐべきだったのに、自分のわがままで「漫画家になる」と言って実家を出てきているわけですから。

――では、掲載誌とのズレ、具体的には「ジャンプ」と自己の作風とのズレを感じたことならば？

森田　あります、あります。それはもう全然ありますね。わりと早いうちからあって『ろくでなしBLUES』の頃からあります。でも、当時の「ジャンプ」は掲載作品がバラエティに富んでいましたから。包容力みたいなものがあったと思います。

――改めて、「ジャンプ」の魅力とは？

森田　やっぱり、漫画の王様だということ。読者目線で考えても誰もが通る雑誌ですよね？　『ろくでなしBLUES』にしても、「ジャンプ」だからよかったわけで、ヤンキー漫画とくるとすると、世にはたくさんの作品がある。でも、『ろくでなしBLUES』が評価してもらえたのは、〝ジャンプのヤンキー漫画〟だったからだと思うんです。もしも、

「ジャンプ」じゃなかったら、これほど愛される作品にはなっていなかったはずで。だから、「ジャンプ」には感謝しかないですけど、いま思い出したのは、その時の担当編集者には申し訳ないことをしました。

――どういうことでしょう？

森田　当時、茨木さんが「ジャンプ」の編集長になっていたんですね。僕としては「ジャンプ」に残りたかったから、「隔週でお願いできませんか？」と相談に行ったんです。でも、茨木さんは「〝週刊〟少年ジャンプだからね」と認めてくれなかった。……というのがその時の表の会話なんですけど、裏というか茨木さんの心の内側では、隔週うんぬんというよりも『べしゃり暮らし』の世界観が少年誌には合わなくなっていたから〈そろそろ「ジャンプ」を卒業させてあげよう〉と考えてくれていたんだと思います。だから、僕としてもある程度は納得して掲載誌を移ることができましたけど、当時の担当者は、いたたまれなかったはずで。体調のことを含めて作家である僕の責任で彼にはなんの落ち度もなかったのに……。悪いことをしました。

――なるほど。考え方を変えると、『べしゃり暮らし』という作品にとっては、少年誌から青年誌への移行はプラス面もあったように感じます。

森田　あぁ、「ジャンプ」では、のちに僕がはじめての涙を経験する、藤川の死は描けなかったでしょうね。たしかに少年誌では、あの展開にはならなかったと思います。

――体調面以外のことで言えば、茨木さんが『ろくでなしＢＬＵＥＳ』存続の危機を感じたことが一度だけあって、それは、森田さんのお父さんが亡くなられた時であると。

森田　あの時は、ちょうど鬼塚編が始まったばかりの頃で、親父はまだ若かったんですけど、不慮の事故で亡くなったんですよ。父親の死は悲しかったですし、お寺のこともある。それでも、僕には漫画家をやめる選択肢はありませんでした。いまでもずるいなぁと思います。結局、何度も親族会議を開いて、親せ

［歴代担当編集者が語る森田まさのり —— #3］

人間を見捨てない漫画家・森田まさのり

小野房優人 *Yujin Onofusa*

COLUMN

ただの漫画好きだった大学生が集英社に就職して「週刊少年ジャンプ」に配属され、はじめて担当したのが森田さんでした。右も左も前後も不覚だったのに、ものすごくあたたかく迎えていただいて。タイミング的には『ROOKIES』終盤の頃でした。

森田さんの本名は、「真法」と書くんですけど、「真」というひと文字がぴったりな方だと思います。真心とか真剣とかの「真」のイメージ。『ROOKIES』で神宮球場にリサーチへ行ったエピソード（P46掲載）も、その真剣さが衝撃的でしたけど、漫画のためとはいえ、本気でM-1予選に出ちゃうんですもんね（笑）。

『べしゃり暮らし』は立ち上げから担当させてもらったんですけど、実は編集者として大失敗をしています。ご存じの通り、森田さんは『ろくでなしBLUES』を描き上げたあと、すぐに『べしゃり暮らし』を始めたかった。でも、『ROOKIES』となった。だから、森田さんが3作目にお笑いをテーマとする漫画を描くというのは編集部内の共通認識ではあったのですが、僕は突っ走ってしまいます。通常は3週分でよいネームを森田さんと盛り上がって、10週分も進めたのですが、そのネームは会議の結果、やり直しに。「なんで連載が決まる前にこんな先まで進めたんだ！」と上長にも怒られました。編集者として、完全に僕のミスです。なのに、森田さんは嫌な顔ひとつせずに「わかりました」とイチから直してくれたんです。

森田さんは人間を見る目がやさしいのだと思います。僕のように失敗した現実世界の人間に対してだけでなく、漫画のキャラクターにも、その視線が注がれている。『べしゃり暮らし』の、るのあーる・上原って後輩の女芸人にひどいことをしたダメなやつですよね？　なのに、「いずれもう一度お前を口説く」と言わせて、失敗した男にもチャンスを残している。人間を見捨てない漫画家・森田まさのり。だからこそ、多くの読者の心を打つのだと思います。

おのふさ・ゆうじん　2002年入社。『ROOKIES』終盤と『べしゃり暮らし』初代担当。他担当作品に鈴木信也『Mr.FULLSWING』、「りぼん」での松本夏実『夢色パティシエール』がある。

きの方が代理で住職をやってもらえることになり……10年ぐらいお任せしたんですかね。その後、正式な後継者を決めなくてはとなり、養子を迎えて、現在の住職になってもらいました。

――『べしゃり暮らし』では、主人公の圭右が代々続く**老舗のそば屋「きそば上妻」**（※84）を継がずに芸人の道を選びます。あの物語が生まれた背景には森田さんの実人生が？

森田　滲み出てますね、あのお話には。『べしゃり暮らし』では、圭右の姉が元芸人と結婚して、「きそば」を継いでめでたしめでたし……という展開なんですけど、現実よりは都合よく解決されているんです。実際はもっともっとシビアでした。結局、僕の代わりに住職になってくれた義理の息子は、やりたい夢なんかもあっただろうに自分の人生をなげうって、うちに入ってくれたわけですから。申し訳ない気持ちはずっとあります。僕がいまでも田舎に帰った時、近所の人にあたたかく迎えてもらえるのは、間違いなく彼が檀家さんのためにしっかりとお寺を守って、跡を継いでくれているからだと思います。感謝してもしきれません。

――森田さん自身は、「4年計画」を実現してプロの漫画家になった時など、お父様にほめられたことは？

森田　ないです。

――即答でした。ということは、**圭右の父の言葉**（※85）は、森田さんがお父様に言ってもらいたかった言葉だったのでは？

森田　あぁ、そうかもしれません。そうですね。いままであまり考えたことがなかったですけど、そうだと思います。だから、不思議な縁みたいなものを感じるんですけど、もしも、高校2年生の時に手塚賞の佳作を受賞していなかったら、僕の人生はまるっきり違うものになっていたはず。たぶん、お坊さんになっていたと思うんです。美術系の大学に進んで、漫画家になりたいという夢は抱きつつ

きそば

※84 圭右が継いだのならば4代目であった老舗のそば屋。曽祖父の代には敗戦も経験している。いまどき珍しい帳場もあり。

※85 圭右の父は、芸人を愛し芸人に愛されるそば屋の店主であったが、あるキッカケで妻を失って以来、芸人嫌いで通していた。そんな事情もあり、圭右は芸人を目指したいという夢を父親に告げられなかったのだが……。父親は知ってか知らずか、核心を突く言葉を贈る。

覚えとけよ
俺は中途ハンパなヤローがでェ嫌れーなんだ

も、でもその夢はどこかであきらめたような気がする。

――運や運命。森田さんはどう考えますか？

森田　僕はものすごく運のいい男だと思っています。編集者の茨木さんに出会えたのも運がよかったし、漫才コンビの相方となる長田くんと出会えたのも運がよかった。なによりも一番大きな運は「ジャンプ」に載れたことです。さっきも話しましたけど、『ろくでなしBLUES』って、ほかの漫画誌に掲載されていたら、埋もれていたと思うから。そして、「ジャンプ」で、ライバルに出会えたことも運がよかったなぁと思うんです。しかも、同じ歳の最強のライバルに出会うことができた。**『SLAM DUNK』の井上雄彦さん**（※86）と**『幽☆遊☆白書』の冨樫義博さん**（※87）というね。

――野球の「松坂世代」しかりですが、同じ歳というのは独特の意識が働きますか？

森田　そう。同じ歳ってなんなんでしょうね？　「ジャンプ」以外でも、同じ歳の漫画家って多くて、**『GTO』の藤沢とおるさん**（※88）も同じ歳で、やっぱり意識してきましたから。不思議なことに、ひとつでも年齢が違うとそれほど意識しない。うん。やっぱり、同じ歳の井上さんと冨樫さんに「ジャンプ」で出会えたことは、かなり運がよかったと思います。ふたりとも才能がありすぎるから、ヘコむことのほうが多いですけど（笑）。

森田まさのりの『まんが道』

――漫画家としてのこれまでの歩みやルーツなどの様々なお話をお聞きして、最大の疑問は「森田まさのりの謙虚さ」のルーツは、どこにあるのかということでした。

森田　謙虚ですか？　そんなことはまったくないと思いますよ。テレビとかに出させてもらうと、嫁からは「また調子にのって！」と怒られてばかりですし。

――お父様、あるいは、仏教の教えとして「謙虚さ」について学んだことはありますか？

※86　1967年生まれ。鹿児島県出身。それまでの漫画界での〝バスケ漫画はヒットしない〟という通説を『SLAM DUNK』で覆した。

※87　1966年生まれ。山形県出身。『幽☆遊☆白書』『レベルE』『HUNTER×HUNTER』とジャンプ作家であり続けている。

※88　1967年まれ。北海道出身。大ヒット作『GTO』では、元暴走族の新米教師・鬼塚が次々と生徒の問題を解決していく。

森田　わかんないです。逆のことはよく思います。薄っぺらい、つまんない人間だなって。本当に運だけで、ここまでやってこられたと感じていますから。

――では、漫画家として調子にのっていた時期なんてありますか？

森田　いま振り返るとあります。当時は気づかなかったですけど、『ろくでなしBLUES』の頃は、コミックスが出ると平積みにされるのがふつうだと思っていましたから。そ

※89　本人が努力する場面ではないが、濱中に猛烈なノックをするシーンは、安仁屋のキャラクターを物語っている。赤星が登板した練習試合で、あわやパーフェクトだというのに、濱中の大エラーで台なしになってしまう。それだけなら安仁屋は濱中を責めなかったであろうことが「エラーは許す！　言いわけする奴は殺す！」というセリフに込められている。

れがのちに、自分のコミックスが平積みされていないことに気づいて、「もしかしたら、あの時は調子にのってたかもなぁ」って。

――もう少し謙虚さについて質問を続けさせてください。『ろくでなしBLUES』は累計発行部数5000万部、『ROOKIES』の映画化興行収入は85億円。そして、1作でもヒットすればすごいとされる「ジャンプ」で、連載デビュー作から2作品連続で5年以上掲載されたのは、「ジャンプ」史上で森田さんただひとりです。なのに、「自分は絵が苦手」であるとか、若手編集者に「インプットが足りない」と言われても怒るどころか以後の糧にしてきました。その根底にあるのは、やはり、人としての謙虚さでは？

森田　いや、違うと思いますよ。発行部数とかの数字的なことで言えば、事実として僕よりすごい人はたくさんいるし、僕の体感としてですけど、僕なんかよりも漫画としての絵がすごい人もたくさんいるってだけの話で。

――では、森田流「天才の定義」ならば？

森田　その質問の趣旨はきっと、漫画界に限らずでいいんですよね？　だったら、「できてしまう人」です。きっとそういう人たちだって、陰では努力をしていると思うんです。野球の天才のイチローさんだって、ふつうの人では続けられない努力をしてきただろうし。でも、それをうかがい知れない僕らからすると、努力のあとを想像させずに、できてしまう人。それが天才だと思います。

――『ROOKIES』の安仁屋は？

森田　いや、安仁屋は違う。**彼は努力しているところを見せてますから**（※89）。『ROOKIES』なら**赤星が天才**（※90）ですね。

――では、「努力」について。『べしゃり暮らし』には、「努力できる才能を持っとるやつが天才やねん」という、デジきん藤川のセリフがあります。もうひとつ、努力にも連なる言葉として「なんで売れねぇんだって嘆いていいのは死ぬほど努力したやつだけだ」という圭右の父親の言葉にも胸を打たれました。

森田　ひとつ目の言葉は、それこそイチロー

※90　イチローを意識したバッティングフォームでヒットを量産し、投げても1学年上の安仁屋とエース争いを繰り広げるほどの才能を見せつける。遠投115M、50M走のタイムは5秒8と身体能力も抜群。メジャーリーグを目指していることを公言している。

さんの言葉からアレンジしたものです。イチローさんは「努力せずになにかできるようになる人のことを天才と言うのなら、僕はそうじゃない。努力した結果、なにかができるようになる人のことを天才と言うのなら、僕はそうだと思う」と言っていて。ふたつ目のほうは、イチローさんの名言のあとに言うのは恥ずかしいな（笑）。そっちは僕が常々思っていることなんです。「ジャンプ」では、ありがたいことに、ふたりの天才に出会えたと。勝手にライバル視させてもらったと。そうすると、〈俺、がんばってるのになかなか人気出ないなぁ〉なんて一瞬思ってしまったとしても、〈俺、本当に努力してんのかな？〉と思い直せるんですよ。俺が愚痴をこぼしているいまも井上さんはきっと漫画をがんばってるし、冨樫さんは遊んでるふりして映画を観て刺激を受けてるに違いない、とかね（笑）。たぶんですけど、努力って大げさなものを指すんじゃないと思う。もっと、何気ない日常というか、ふだんのちょっとした時間の積み重ねや心がけが努力なのではって。

――「プロフェッショナル」。森田さんはどういう人をプロだと感じますか？

森田　これはほかの仕事のことは偉そうに言えないので、漫画に絞って考えると、締め切りを守って、読者アンケートで人気を得て結果を出す人がプロフェッショナルだと思います。で、どっちがいい悪いでは決してないんですけど、漫画のそのプロフェッショナルは漫画屋だと僕は考えていて。じゃあ、漫画家とはなんぞやといえば、「俺はこれが描きたい！」という自分発の描きたいモノがある人のことを指すような気がしているんです。

――森田さんは、漫画屋ですか？　それとも漫画家ですか？

森田　僕は漫画家でありたいと願っています。

――最後の質問です。読者のなかには、かつての森田さんが『まんが道』を読んで漫画家を目指したように、本書を読みながら、次代の漫画家になる夢を持っている人もいるかもしれません。そういう人たちに贈る「漫画家になるための条件」とは？

森田　その人にしかない唯一無二のなにかを持っているかどうか。それに尽きると思う。世の中の価値観でいうところの絵のうまさなんてなくても、ひと目でその人の絵だってわかるなにかがあれば、おもしろい漫画は描けるということ。唯一無二のギャグセンスでも、その人オリジナルの物語作りの能力でも、ずば抜けたキャラの造形でもいい。なにかひとつでも武器があれば、きっと漫画家になれると思います。

――森田さん、いい言葉だったのでこれで終わろうと思ったのですが、ひとつだけ。いまの言葉、ほぼ茨木さんと同じ内容でした。

森田　え――、それは嫌だなぁ（笑）。えっとですね、「編集者の言うことをよく聞く」ことは大切だと思います。編集者の言いなりになれというのではなくて、言葉通りの意味として、なにを言ってくれているのかをよく聞く。編集者って漫画家にとってのはじめての読者ですから。それに、担当者目線で言えば、自分の担当作を絶対に売りたいはずなんです。だから、悪いことは言わないと思う。言い方が高圧的すぎて合わないだとかの、人としての相性はあるでしょうけど。

――では、そちらを締めの言葉ということで。

森田　いや、ちょっと待ってください。もっとなんかあるような気がする。……運の質問のところでお話しした、ライバルの存在はものすごく大切だと思います。「勝手に」とただし書を付けてもいいから、ライバルを持つということは、もし、これから漫画家を目指す人にはおすすめしたいです。……って、やっぱりうまくまとまっている気がしないので、漫画家を目指す人は『まんが道』を読んでくださいってことで、勘弁してください（笑）。

漫画家になるには……『まんが道』を読んでください（笑）。

COLUMN

はみだしパンチライン

35000字インタビューでも掲載しきれなかった〝パンチライン＝名言〟をお届け！「漫画」と「笑い」についてのべしゃりは、もうちょっとだけ続きます。

小4の時、合作で漫画を描きました。ペンネームは石森慎次郎（笑）。

「小学校4年生の時に自ら校長先生に直訴して、漫画クラブを作る許可をもらったんです。その活動として、何本かひとりで描いたあと、『まんが道』のように合作して漫画を描きました。ペンネームは、友人の石橋くん（※P101にも登場）の〝石〟や森田の〝森〟など、4人の名前を合体させたもの。結局、クラブは僕が卒業すると同時になくなりました（笑）」

なぜ浜田さんは、あんなに強く松本さん叩くんだろう？

「漫画家になってからダウンタウンを好きになった話はしましたけど、〝ガキ使〟を見始めた頃は〝なぜ浜田さんは、あんなに強く松本さんを叩くんだろう？〟と不思議だったんです（笑）。コアなファンになるにつれ〝松本人志という天才の難解なボケをわかりやすくするための強いツッコミ〟だと認識は変わりましたが、最初は率直に怖かったです」

尾田（栄一郎）くんは、天才。

「M－1予選で『ONE PIECE』の尾田くんを漫才のネタにしたんですけど、彼から『漫才見ました』というLINEが来たんです。『感想が聞きたい』と返したら『おもしろかったです』と。『怒ってない？』と聞いたら『全然怒ってないです』って。そういう器の大きさも含めてすごいですよね。シビれるのは、読者の誰かが偶然でも、すでに尾田くんのなかで考えてある結末を当てたら、それは絶対に変えると言ってるところ。天才だと思いました。『ONE PIECE』を超える作品が今後の漫画界で生まれることはないと思うけど、もし超える作品が出てきたとしたら、たぶんそれを描いてるのは、尾田くんだと思います」

川藤が「お前には無理だ」って言わないでしょ？

（キャラクター作りについて）「たとえばセリフひとつにしても、僕が言いたいことを誰かのセリフにしているわけじゃないんです。この場面だったら、こいつはこういうことを言いそうだとか、こういう行動をとるだろうなぁとかで物語もキャラクターも動いていく。だって、川藤が生徒たちに『お前には無理だ』なんて絶対に言わないでしょ？」

漫画の魅力はコマ割りに宿る。

（「映画にも小説にもない漫画だけの魅力とは？」との問いに対して）「コマを割るっていうのは、なかなか特殊な手法だと思うんですよね。ひとコマひとコマに構図があるなんて、映画でもなかなかできないことですから。しかも、カメラワークだって自由自在なわけで。さらに、お金をかけずに、空も飛べるし、手からビームも出せてしまう。ただ、音楽が鳴らないのだけが悔しいです。“この場面であの曲が鳴ってくれ！”“その曲を聴きながら読んでほしい！”と感じる時があるんですよ」

仕事中は人と会話しない。その日交わした言葉が「領収書ください」だけだったりもします（笑）。

（インタビューで5時間ぶっ通しで話し続けたあとで、普段の会話量について問われて）「仕事中は人と会話しません。その日、交わした言葉が『領収書ください』だけだったりもするし（笑）。作家さんによっては賑やかなところもあるみたいですけど、うちは仕事場もシーンとしています。ラジオは流れているけど、スタッフによってはイヤホンをつけて作画している人もいます」

背伸びしたって読者にはバレる。

「漫画は自分のなかにあるものしか出ない。だからこそ薄っぺらい知識で描くんじゃなくて、『べしゃり暮らし』はもっともっとリサーチしたり、芸人さんと話すなどして勉強したいんです」

Part 2
べしゃるゲスト

ラジオと漫画とM-1のはなし

森田まさのりにとっての
〝神〟との〝べしゃり〟が実現した。
ひとりは『べしゃり暮らし』の
主人公の設定さえ変わっていたかも
しれないほどにその話術を敬愛する
ラジオパーソナリティ・伊集院光。
そしてもうひとりが、
独自のギャグセンスや
強くて美しい作画表現などに
強い影響を受けた
漫画家・小林まこと。
前者は対談、
後者は本書独自の企画にて、
ふたりの神の言葉を紹介する。
さらに、編集部が厳選した
若手漫才コンビも登場。
「べしゃり暮らしと芸人」と題して
「M-1」「解散」「相方」をテーマに
存分にべしゃり尽くしてもらった。

伊集院　正直にぶっちゃけると、まさか、対談相手に選んでもらえるとは思っていませんでした。

森田　本当はお会いしたくなかったんです。伊集院さんのラジオが大好きで、好きすぎて会うのが恐れ多いというか。

伊集院　最初の話では「文章で森田先生の質問に回答する形式」であると。で、僕のほうから「直接お会いしたい！」と強くお願いしたものの……先に言っておかないと……僕、不良漫画が苦手なんですよ（苦笑）。

森田　はい。それはもう重々（笑）。ラジオで「不良が嫌い」みたいなことをしゃべられてましたから。

伊集院　だから、漫画好きにもかかわらず、不良漫画の『ろくでなしＢＬＵＥＳ』をいってないんです。野球漫画が大好きだから『ＲＯＯＫＩＥＳ』のほうは、ガッツリと読んでいて。

森田　『ＲＯＯＫＩＥＳ』も最初は、嫌いじゃありませんでした？

伊集院　いえ、『ＲＯＯＫＩＥＳ』の最初の頃も〝苦手〟でした。〝嫌い〟じゃなくて〝苦手〟!!（笑）。

森田　はははは！

伊集院　『ＲＯＯＫＩＥＳ』は逆にドラマ化を嫌がっていたくらいだから、漫画原作は好きになってました。全巻持っていますし。

森田　おぉ、ありがとうございます。

伊集院　僕は、不良と熱血教師が嫌いなんです。熱血教師は「金八先生」の頃から嫌いで、坊主憎けりゃで、武田鉄矢さんも嫌いになるくらいで（笑）。

森田　僕は不良じゃなかったんですよ。

伊集院　そこも今日、お聞きしたかったことで。不良漫画を描く人は本人も不良なんじゃないのか。不良そのものでなくとも憧れてはいるんじゃないかと思っちゃうんです。

森田　実際に不良漫画を描いている人って、そういう方が多いと思います。でも、僕のは不良が描いた漫画じゃないんですよ。喧嘩のやり方も完

［**誌上ぶっちゃけ対談**］ *Hikaru Ijuin*

森田まさのりが 伊集院光（神）と逢った日。

なぜ、（神）なのか。もし、伊集院のラジオにもっと早く出逢っていたのなら、『べしゃり暮らし』は、ラジオパーソナリティと放送作家の物語となっていたかもしれなかったほどに、森田まさのりは神の話術に心酔しているのだ。「人生で一番緊張します」と作者が語ったその日の対談は、ラジオと漫画をクロスオーバーする2時間となった。

いじゅういん・ひかる　1967年生まれ。東京都出身。テレビでは博識さで視聴者を楽しませ、ベストセラーとなった『のはなし』シリーズでは、読者の喜怒哀楽を揺さぶる。そして、ラジオ。現在、ＴＢＳラジオ『伊集院光とらじおと』と『月曜ＪＵＮＫ 伊集院光 深夜の馬鹿力』でリスナーの耳と心を震えさせ続けている。

全にファンタジーですから。そこまでやったら死ぬぞ、みたいなのしか描いてなくて（笑）。

伊集院　やっぱり、直接お会いできてよかったなぁ！　直接お会いしたかったのには理由があって、若い頃に先入観で遠ざけたものを見つめ直す時期にさしかかっているんじゃないか。責任をとる年齢にきてるぞっていうのもあって。同世代ですもんね？

森田　はい。学年では僕がひとつ上です。

伊集院　ですよね。たとえば、僕は若手時代、ハワイに旅行へ行くようなタレントが嫌いだったんです。ほかにも深層で

不良が嫌いだから『ろくでなしBLUES』は読んでません（笑）。

——伊集院

は自分のいつかやりたいと思っていることをいとも簡単にやっているやつを「品がない」と言っていたこともあった。だけど、実際に自分がハワイへ行ってみたら「こんなにおもしろいんだ」っていう（笑）。自転車もジョギングもボランティアだってそう。やってみたらおもしろい。いまの森田さんの答えも、僕としては、直接会った甲斐があったと思えました。

森田　なるほど。……と、なんとか言葉を振り絞っていますけど、いま、人生で一番緊張しているので、今日はよろしくお願いします（笑）。

東京と関西のお笑い文化の違い

伊集院　で、『べしゃり暮らし』ですけど、最初の数巻を拝読して、くじけました。申し訳ないんですけど……自分の職業を描いている作品って、ちょっとキツくないですか？

森田　たしかに『バクマン。』は原作も読めないし、映画も観れないなぁ。

伊集院　ですよね。僕にとっての『べしゃり暮らし』が、それだったんです。個人的にキツかったのが、主人公が学校の人気者であるのに対して、自分がそうじゃなかったということ。関西はまた違うんでしょうけど、東京でクラスの人気者からプロになったのって、とんねるずさんぐらいだと僕は思っていて。お笑いの文化的に、吉本を中心とする関西の文化と東京のそれは真逆かなぁって。

森田　どこにそれを感じますか？

伊集院　関西ではお笑いになるっていうのが憧れの職業で、王道だと思うんです。東京は、おもしろいという価値がそんなには高くない。

森田　でも、東京だって、学生時代のおもしろいやつってクラスの人気者じゃなかったですか？

伊集院　そこなんです。学生時代におも

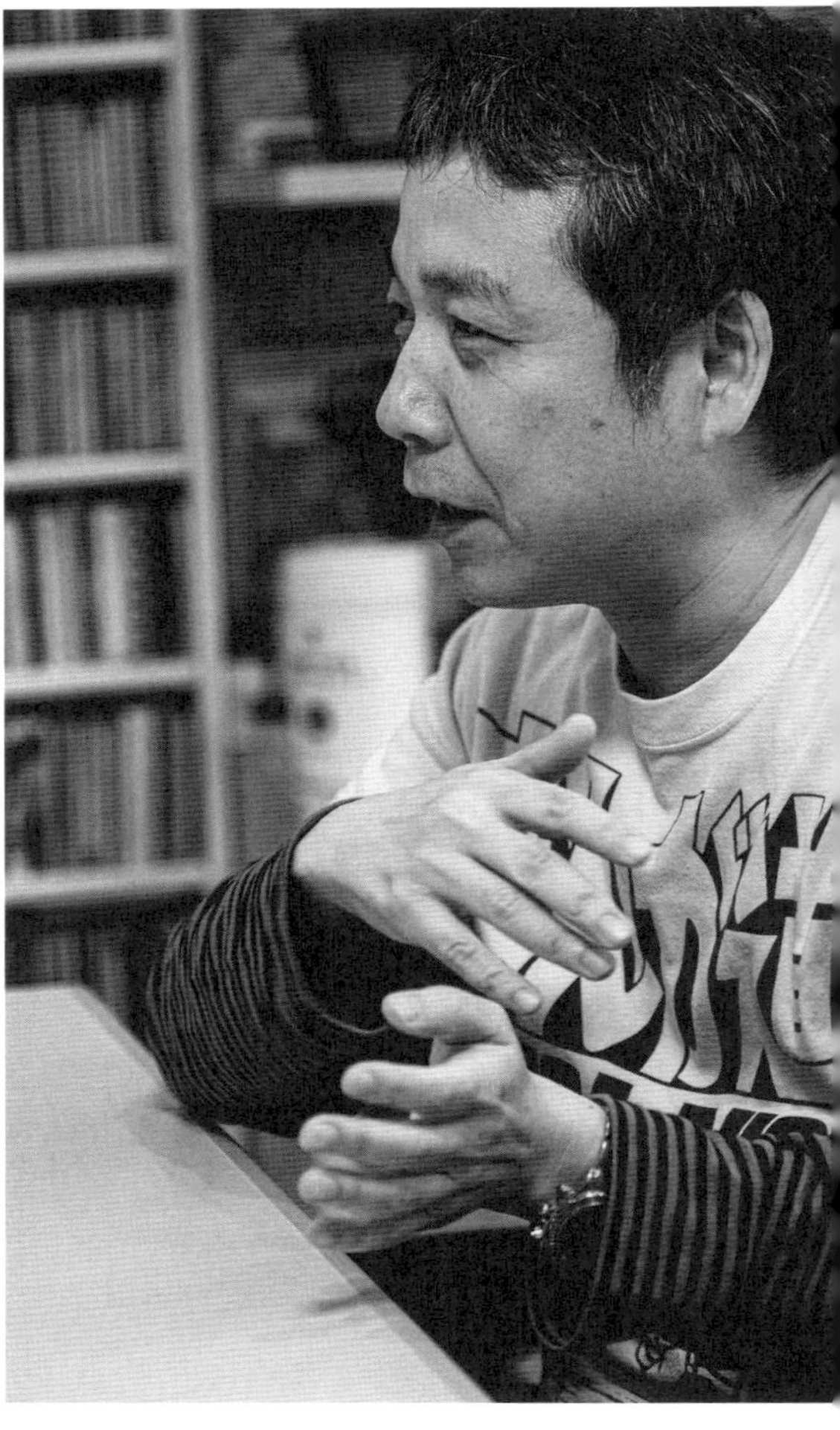

しろいとされていたやつは、絶対にプロになれない人気者でした。いまでいうならば「パンケーキ食べたい！」と、流行っているギャグを大声で言えるやつです。

森田　ははははは！

伊集院　だから、西と東は違うと思うんですよね。関西の、漫才を国技としている感覚というのか。僕のカミさんはバリバリの関西人なんですけど、しゃべりのリズムとニュアンスで、かなわないなぁといつも思うんです。「しゃあないやん理論」と呼んでいるんですけど、カミさんの言う「しゃあないやん」のニュアンスに合う標準語がないっていう。標準語って情報を伝達するための言葉で、感情を伝えるものではないので。

森田　でも僕は、関西の滋賀県育ちなんですけど、しゃべりがうまくないですし、なにより薄っぺらい人間なんです。

伊集院　いやいや、なに言ってるんですか。これだけヒット作を描いてる漫画家さんが、薄っぺらいわけがないですよ。

森田　知識がないんです。高校を卒業してすぐこの世界に入って、仕事ばっかりしてきましたから。インプットが必要だと常に思ってるんですけど、作画が遅いので時間がなくて。

伊集院　（爆笑問題の）太田光っているじゃないですか。彼はワーカホリックで、仕事以外なにもしていないんです。仕事を通して入ってくることしか、彼は反応していないと思う。でも、あの人の知識量っていうのは全然少なくない。

森田　でも、太田さんは読書家ですよね？　インプットをちゃんとしている。

伊集院　その本もね、好きで読んでるだけだと思うんです。僕の場合は〈ラジオでしゃべれるかも？〉というスケベ心がどっかにあるんだけど、彼はもっと純粋なんです。僕が太田光に劣等感を持っちゃうことのひとつは、彼の〝勉強しなさ〟だから。でも、結果として、インプットになっている。だから、森田さんも漫画を描き続けているだけでいいんじゃないですかね。

森田　ありがとうございます。ちょっとだけ救われたような気がします。

どこまで先を考えて表現するか

伊集院　昔の週刊誌連載では、締め切りに追われて追われて、大風呂敷を広げちゃったものをどうしようって作品が、けっこうありましたよね？

森田　ありましたね。というか、みんなそうだった気がする（笑）。

伊集院　若い頃は、その整合性のなさを怒ってもいたんです。たとえば『アストロ球団』とかね。でもいまは、あの漫画が愛おしくてしょうがないんです。バランスを失っているんだけど、それでも飛び続けるみたいな漫画が。

森田　少年漫画は、たいがい先を考えないんです。僕もそうでしたけど、来週のことは来週考えるっていう。

伊集院　あ、なんかいま、ちょっとほっとした（笑）。先生もあるんだ!?　それだと、自分のなかでは焦ってるわけですよね？

森田　めちゃくちゃ焦ってます（笑）。あと、自分に期待をしているかもしれない。絶対に来週なんとかするだろう、来週のお前はって。

伊集院　その来週の自分がなんとかしてうまいことつながった時のゾクゾクってすごくないですか？

森田　いやぁ、僕の場合はほっとしますね（笑）。それでいうと、僕が伊集院さんのラジオで一番すごいなぁと思うのは、話し始める時に、このあとでしゃべることを考えてないだろうなと感じることがよくあるんです。たとえば、おかしな歌を急に歌いだす瞬間。あれ、そのあとの展開を考えていないですよね？

伊集院　考えてないです（笑）。

森田　やっぱり（笑）。その勇気ってなんなんですか？

伊集院　最後に神が降りてくることがあるんですよ。最初は、本当にロールシャッハ・テストみたいに歌ってるんです。いつだったか『怪物くん』のテーマ曲を急に歌った時がありまして「ユカイツーカイ怪物くんのポケットの中に生の肉♪」なんて、ただ単に珍奇なことを言葉に発してるだけ。ところが、番組の最後のほうに「先週、焼肉屋で食べ切れなくなった肉をどうしようか困って……」って話になってくる。

森田　たまたまですか？

伊集院　たまたま。それで、〈あ、さっきの歌、もう1回歌っちゃおう〉となる時の快感ってすごくて……でも僕は、まったく計画しないでしゃべりだすことはできないんですね。順番までは決めないまでも、キーワードのメモをとる。で、今日はこのことをしゃべれば絶対いけるなとなってからしゃべり始めるんです。でも、予定と全然違っちゃって、事前に用意したメモに一切触れていない時が一番おもしろい。ところが、じゃあメモを用意しないでも、しゃべり始めれば大丈夫だろってやると全然おもしろくない。降りてこないんです。

森田　そういうものなんですね。伊集院さんのしゃべりの魅力、その秘密がちょっとわかった気がします。

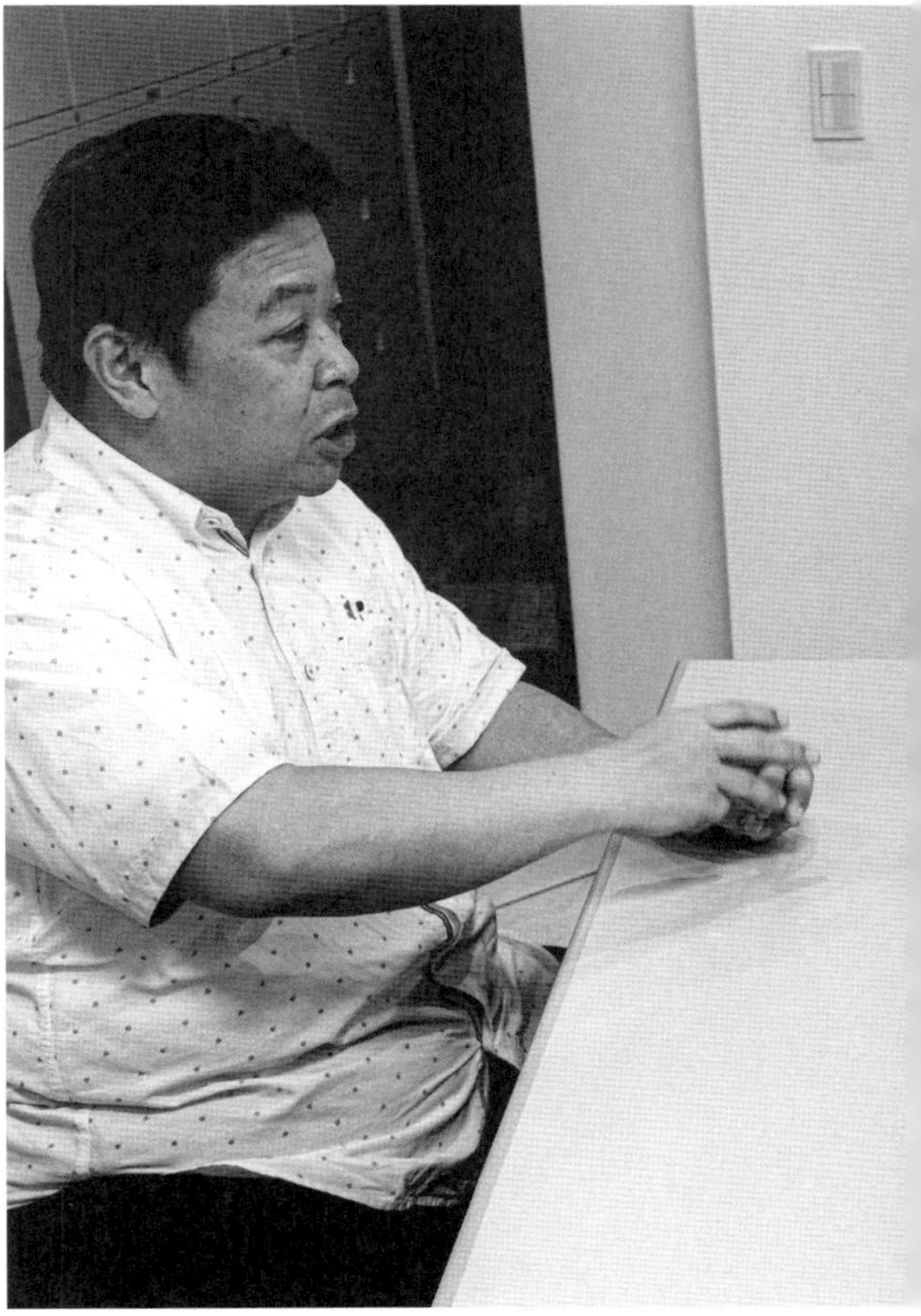

いまだから言えるライバル

伊集院　これも同世代だからこそ聞きたいんですけど、昔は言いたくなかったけど、やっと言えるようになったライバルっていますか？

森田　います。井上雄彦です。昔は絶対に言いたくなかったけど。

伊集院　井上雄彦！　うわぁ、いい話だわ。井上さんですか！

森田　同じ歳なんですよ。

伊集院　同い歳！　でかいですね？

森田　でかいんですよ。僕、手塚賞で佳作しかとってないんですけど、井上さんは一発で入選をとっているんですね。連載デビューは僕のほうが半年ぐらい早いんですけど、そのことをめちゃくちゃ意識してて。それで、僕の週刊連載が決まった頃だったかな。たまたま集英社のエレベーターでふたりっきりになったことがあったんです。

伊集院　いいなぁ。すごくいいシチュエーションじゃないですか。それでそれで!?

森田　僕は、一発で〈あ、井上雄彦だ！〉ってわかったんです。なにせ、意識していましたから（笑）。いちおう、僕のほうが連載デビューとしては先輩だったので、向こうが軽く挨拶してきた気がしたんですね。でも、僕は挨拶を返すのがなぜか悔しくて。一方で、挨拶しないやつと思われるのも嫌だったんで、挨拶したかしないかわかんない感じでごまかして。

伊集院　そのエレベーターの出来事だけで、すげぇ漫画が描けそうだなぁ（笑）。

森田　伊集院さんは、誰かいましたか？　昔は言いたくなかったライバル？

伊集院　ずっと言えなかったのが松村（邦洋）くんです。森田さんに対する井上さんじゃないけど、同じ歳で、しかも同じデブキャラだったわけです。で、爆発的に松村くんが売れたと。そうすると、松村くんが断った仕事が僕にこぼれてくる。でも、僕は彼みたいなリアクションなんかできないんです。

森田　芸風が違いますもんね？

伊集院　まったく違うんです。でも、当時の世間の見方は一緒なんです。だから、松村邦洋の偽物として扱われてる感じがしちゃって、嫌で嫌で、彼に対してひがんでいたんですよ。でも松村くんって、悪意のない天使のような男で、言い方を変えるとなにも考えてないんです。

森田　はははは！

伊集院　その頃、僕はすっごい好きな女性タレントさんがいて、やっとご飯を一緒に食べられるとなった時に、なぜか松村くんが付いてきたんです。あ、それも、ニッポン放送のエレベーターの出来事でした。僕はふたりきりになりたいから「松村くん、用事あるよね？」とわざと聞いたのに「大丈夫です！」って。いまだったら〈あ、ご飯を食べたいだけだな〉と

わかるんですけど、その当時は〈こいつもこの子狙ってる！〉と思ってしまって。だから、当時の僕は松村くんの悪意なき天使的行動を全部〈あいつ（怒）！〉と思ってました（笑）。

森田　ラジオパーソナリティに絞ると、どうですか？　誰かいます？

伊集院　最近ようやく言えるようになったのは、おぎやはぎです。あのふたりの天才っぷりに、ずっと嫉妬してきましたから。彼らの番組を聴いていると本当にノープランなんですよ。強がりでもギャグでもなく「なにもしゃべることがないなぁ」って、口に出して3、4回繰り返せちゃうあの感じ。自分よりも歳下に、あきらかな天才的なしゃべり手がいるという恐怖といったら……。しかも彼らはテレビでも売れてて、ライブのクオリティも高いってなると、〈俺、ラジオしかないのに！〉って。

森田　すごいなぁ。松村さんのことは同じ歳だし昔の話だからともかく、おぎやはぎさんのことを言えちゃうのがすごいと思いました。

伊集院　それは、歳をとったからもありますよね。あるいは、自分のスタイルが確立できたのかもしれない。もしそうだとするのなら、うれしいような恥ずかしいようなことではあるんですけど、最近になって自分のなかで解禁できるようになったことではあります。

森田漫画の発明は〝口〟である

森田　ラジオって変わっていきますか？

伊集院　自分でずるいなぁと思っているのが、僕、大漫才ブームの時に古典落語を選んでいるんですよ。古典って残ってきたものだから進化しなくても大丈夫ですよね？　ラジオを生きる道に選んだのもそれに似てるところがあって、すげぇ好きなエピソードがあるんですけど、TBSラジオの開局10周年ぐらいのインタビューで街行く人が「ラジオの未来はどうなると思いますか？」と聞かれて「映像が付くと思う」と答えてる人がいっぱいいるんですよ。

森田　ははは。それ、テレビだ。

伊集院　そう。このラジオというメディアの進化を禁じられてる感じってすげぇなと。だからこそ〝ラジオ表現〟にはこだわらないとダメだとも思います。気に入ってるのだと「松の木におじやをぶつけたような顔のブス」っていうのがあって、イメージのみで具体的じゃない。

森田　僕の仕事の絵でいうと、描いたら終わりですね。イメージだからいい。

伊集院　……って、なりますよね。ハイビジョンやCGという映像ならではの情報伝達能力には負けるけど〈自分のなかでのブスが脳内に現れる〉という、オーダーメイドのよさがラジオにはあって。じゃあ、漫画ならではのよさってなんなんでしょうね？　未来はどうなっていきますかね？　僕は、漫画は進化した象形文字だってことになったんですけど。

森田　記号ってことですか？

伊集院　そうです。悲しい顔は丸描いて目がハで口をへにすれば伝わる。しかも、簡単な画風だけじゃなくて、森田さんのようなリアルな画風でも、多少は象形文字への意識があるんじゃないかって。

理想の死に方は、伊集院さんのラジオを聴きながら……です（笑）。

――森田

森田　多少はあります。でも、絶対にパターン化したくないです。無限でありたいから。

伊集院　なるほど！　象形文字を発明し続ける！　森田さんの漫画で発明だよなと思うのは、セリフの音とリンクした口の形ですよね。もしも「伝わらないモノマネ」で森田漫画をやれって言われたら、口ですよ、口。

森田　気づいてもらえました？　そうなんです。語尾と口をちゃんと合わせたいんです。まぁ、漫画の未来でいえば、僕は完全にアナログ派なので、想像もできないですけど。

伊集院　うん。それは50すぎの僕らの役割じゃないのかもしれませんね。わかっていてできてないことをどうにかしないといけないし。

森田　未来とは真逆のことなんですけど、自分が死ぬこととか、考えたことはありますか？　こういう死に方がいいだとか。

伊集院　昔は考えていました。そして、昔考えたことがだんだん嘘っぽくなってきています。昔は、自分がもう死ぬという病気になったら、とにかくたくさんラジオ番組を録音して、いつ死んだのかわからなくしてやろうとか。

森田　それ、ラジオで聴いてました。

伊集院　あります？　森田さんの死のイメージ？

森田　あります。どんな死に方でもいいんですけど、死ぬ瞬間、伊集院さんのラジオを聴いていたいです。〈あぁ、今日もバカなことを言ってんな〉と笑いながら死にたい。

伊集院　もう、そんなこと言われたら…

…。すごいありがたい。ありがたいし、正直、すごいプレッシャーですよ（笑）。

森田　おかしな歌でもいいです。

伊集院　（笑）。今日は僕の禊《みそぎ》となるいい経験でした。年齢を重ねると、能動的にやることの限界ってありますよね。僕の場合、オタク気質だったから、知りたいことなんてほぼ調べてしまった。わかんないことはわかんないってわかっちゃった。じゃあ、それ以外になにがあるんだってなったら、かつての自分が苦手だったことを経験してみるしかないって。だから、ハワイやジョギングや自転車を始めたんですけど、今日の対談もその流れと同じ体験でした。不良漫画を苦手な自分がその作家と対談をする。昔だったら絶対に遠ざけていたと思うけど、直接お会いしていろいろと話せて本当によかったですから。

森田　こちらこそありがとうございました。なんだか、夢のような時間でした。

伊集院　禊のお礼じゃないですけど、挫折してしまった『べしゃり暮らし』をもう一度読んでみることにします（笑）。

［インタビュー］

森田まさのりの質問に小林まことが答える！

Makoto Kobayashi

森田まさのりにとっての〝神〟、ふたり目はこの人、小林まことである。森田が考えた質問の数、50以上。まずは、己の弱点を晒《さら》した森田の質問から、インタビューが始まった。

Q 僕は登場人物の名前を考えるのが苦手です。小林先生はいかがですか？

小林　この質問はね、森田さんの気持ちが、ものすごくよくわかるなぁ。やっぱりさ、漫画におけるキャラクターの名前ってかなり重要だから、簡単に付けられないんです。だから、いざ考えようとすると気が重くなっちゃう。当たり前の名前じゃおもしろくないし、かといって凝りすぎた〝いかにも作りました！〟という名前も、どうもねぇ。

——小林さんの連載デビュー作『1・2の三四郎』の主人公は東三四郎ですが、この時も気が重かったのですか？

小林　あの漫画の主人公、**最初は東三四郎という名前じゃなかった**んです。正確には忘れちゃったけど、**塚原英樹**みたいな名前だったの。俺のデビュー作は『格闘三兄弟』という読み切りで、『1・2の三四郎』の主要登場人物をその作品でもすでに描いていたんだけど、当初は塚原英樹みたいな名前だったわけ。そんな『格闘三兄弟』を描いている頃に、映画の『姿三四郎』を観に行ったんですよ。三浦友和が主演だったんだけど、なかなかおもしろかったわけ。その映画のなかで、「おい、三四郎〜！」とか「さんちゃん」とか呼ばれているのが、なんだか響きがよくて。それで映画館を出た時に〈三四郎って名前、いいな〉って。なんとなくの語呂で「東」という苗字が思い浮かんで、だったら、**主要登場人物は東西南北**だろうと。西上馬之助、南小路虎吉、北条志乃という名前もババッて一気に全部決まりました。

——ちなみに、森田さんの『ROOKIES』という作品では、作者が大好きな阪神タイガースの選手の名前が、登場人物たちに付けられています。

小林　そうだよね。わかるわかる。なんか理由があるといいんだよね。そういう意味では、**『サザエさん』なんて抜群**だと思う。フグ田サザエに

こばやし・まこと　1958年生まれ。新潟県出身。78年、『1・2の三四郎』で連載デビュー。「週刊少年マガジン」のエースとして活躍する。自伝的漫画である『青春少年マガジン1978〜1983』も必読。現在、「イブニング」誌上にて『JJM 女子柔道部物語』（原作／恵本裕子）を連載中。

磯野カツオ、ワカメ、波平とかさ。抜群だよ。

Q　小林先生の描かれるギャグは漫画界において革命だったと思います。ご自身のギャグについてどう思われていますか？

小林　ふーん。本当にそうだったのかな？　自分としては革命だとか、そんなたいそうな感覚はなかったなぁ。

——では、具体的に。森田さんと編集部は「**コバヤシ4コマ**」と名付けたのですが、［資料①］をご覧ください。森田さんいわく「間で笑わせるという発明。しかもいままで誰もしてこなかった日常のふつうのことで笑わせるのがすごいです」とのことです。

小林　まずね、俺はギャグ漫画家を目指していたわけじゃないんですよ。デビュー直前までは、怪奇漫画家になりたくて、『格闘三兄弟』と『1・2の三四郎』がはじめて描いたギャグ漫画というか。だから、当時までにあったギャグ漫画を参考にしていなかったのが、もしかしたら斬新だったのかもしれない。森田さんが「日常のふつうのこと」と言ってくれたように、ふだんの自分の、たとえば高校生活のノリとかを漫画にしたみたいな。そういえば昔ね、『1・2の三四郎』を連載中に「次の話はどういう内容なんですか？」と編集者に聞かれて「**オニギリ食って、くしゃみする**」と答えたんだけど、ストーリーがなにもないっていう（笑）。

——森田さんの想像では、「小林先生なら割り箸を割るシーンですら笑いにできるのでは？」と。

小林　これがさ、お題を出されるとできないんだよ、俺。

——では、漫画家・小林まことが受けたギャグの影響ならば？

小林　漫画からは一切ないんだけど、東映のB級映画が好きで、そっちからは確実に影響を受けていると思う。たとえばね、鈴木則文という、のちに「トラック野郎」シリーズを撮る監督の『エロ将軍と二十一人の愛妾』というやつ。ポルノギャグとでも言うのかな。随所に笑えるシーンがあるんですよ。殿様にさ、なぜか白人の側室がいて、ギャグだから日本語がしゃべれないわけ。で、その白人の側室が**喘《あえ》いでるシーンで、ちゃんと通訳**

資料①　小林まことの代名詞とも言える4コマでのギャグ。森田だけでなく、後進に多大な影響を与えた。『柔道部物語』より。

が訳すっていう（笑）。
――（笑）。続けて、森田さんが小林作品から影響を受けたシリーズその2です。**「ガヤの声」**と名付けたのですが、［資料②］と［資料③］をご覧ください。
小林　研究してくれましたねぇ。森田さんにお礼を言っておいてください。それでまたね、この頃の俺、我ながらふざけてるね（笑）。当時は20代の前半で若かったから、隙間があったらギャグ入れなきゃと思っていたんだよ。**3コマに1回笑わせなきゃ**、みたいなさ（笑）。あと、申し訳ないことにはじめて拝見したんだけど、**森田さん、絵がうまいなぁ**。森田さんに限らずなんだけど、俺はほかの人の漫画を読まないから、本当に申し訳ないんだけど。
――ちなみに、ほかの漫画家の作品を読まない理由はあるのでしょうか？
小林　**めんどくさいだけ（笑）**。ポリシーなんて一切ないんです。もちろん、デビュー前の読者だった時代は『あしたのジョー』や『空手バカ一代』を暗記できちゃうぐらい読みこんでいました。でも、漫画家としてデビューしてからは、パラパラとしか読まなくなって。なぜなら、めんどくさいから（笑）。だから、出版社のパーティに行くと大変ですよ。同業者の漫画家がたくさんくるでしょ？　もしかして、売れている先生かもしれないから、年下だろうがなんだろうが、誰かれかまわず**全員の漫画家に敬語を使おう**と思ってて（笑）。
――森田さんが、ほぼ漫画を読まない理由とまったく違うのがおもしろいです（編集部注：P49参照）。では、このシリーズのラストです。森田さんが小林作品から影響を受けたその3。**「集団リアクション」**と名付けたのですが、［資料④］と［資料⑤］です。
小林　これはさ、俺のほうでいえば、吉本新喜劇のズッコケですよね。要は、登場人物たちに芝居をさせているんです。
――芝居をさせるとは？
小林　さきほどの東映B級映画に限らず、俺は映画好きなんだけど、その時にどこを観ているかというと、**役者の演技と監督の演出**なんですよ。設定だとかストー

資料②／上　資料③／下
向かって左側のプロレスラーが主人公・東三四郎なのだが、注目の「ガヤの声」が左上フキダシの「闘志があれば歳の差なんて気にすることないからな〜」。対戦相手の田中が中堅どころゆえのギャグ。一方、影響を受けた森田作品では、意外性の男・今岡にチームメイトから「ガヤの声」が。「アンダースローで一本足で〜」とたたみかけている。

資料④／上　資料⑤／下
『柔道部物語』の主人公・三五十五がズッコケたのは、芸術的内股を得意とする（はずの）後輩があっさりと得意な（はずの）内股をすかされて技ありを取られたから。結局、その後輩は５人抜きをするのだが、得意とする（はずの）内股は１度も決まらなかった。一方、『ＲＯＯＫＩＥＳ』野球部の４人は「池辺マニュアル」の“腰で打つ”を練習中。

リーだとかには、全然興味がない。たとえば、任侠映画なら、高倉健が毎回殴り込みに行くと。毎回ね（笑）。だから設定もストーリーも、別にすぐれているわけじゃない。でも、毎回だからこそ、前回よりは演出をパワーアップさせようと監督が努力もしていて。たとえば、高倉健が背後から斬られる。バっと着物がはだける。誰かがつまずいた拍子に火鉢のヤカンが倒れて湯気があがる。その湯気の中に、唐獅子牡丹の高倉健が立ってる。かっこいい～っていうさ（笑）。そういう演技や演出に感動してきたから、自分で漫画を描く時はそういうふうにしたいんです。ギャグだけに限らずね。

――その流れで気になったのが、小林さんの漫画における絵の力についての私感でした。

小林　うん。だから俺は、**演技力重視派**です。以前、イラストの学校で、審査員みたいなことをやらせてもらっていたことがあったんだけど、単純に絵がうまいやつなんてゴロゴロいるわけ。うまさだけでいったらすごいんですよ。でも、なんかね、なんだかなぁと思っちゃって。で、漫画となにが違うんだろうと考えていたら、イラストでうまいだけの人物画って、演技をしていないんです。言ってみれば、登場人物の描き方が**役者とモデルの違い**。このことはプロの漫画家でも気づいていない人が多いと思う。

――ちなみに、森田さんが自身の絵作りでこだわっているのが口の表情です。その時々のセリフの語尾をリアルに再現したいと。

小林　素晴らしいね。それも、キャラクターに芝居をさせることのひとつだと思う。しゃべってる場面で口が閉じている漫画って、なんか俺は嫌だから。

Q 『1・2の三四郎』連載時に、一番大変だったのは、どういった部分でしたか？

小林　やっぱり、時間がなかった。自分が悪いんだけど、体力があったんで、徹夜ができちゃうんですよ。最後にがんばりゃいいよっていう、火事場のバカ力でずっとやってきたんで。その癖が40歳ぐらいまで続いちゃうんだけど、『1・2の三四郎』なんて、**ひと晩で1話を描いてたりしてた**もんなぁ。

――ひと晩で1話！　森田さんの場合、週刊連載で、ネームに1日、作画に6日かけていました。

小林　偉いなあ。俺もそうしたかったんだけど、最高なのか最低なのか、半日であげたこともある。まぁ、あげたとも言えないひどい内容だったけどね（笑）。その回の俺、逃亡していたんですよ。もう今週は無理だって感じで。でも、ちょっと計算違いをしてしまって、明け方に仕事場へ戻ったんです。そしたら編集がいて、「まだ間に合う！」と。**もう1回逃げるわけにもいかないし**（笑）。で、半日。明け方から夕方ぐらいまでかけて。

――逃げちゃったってすごいですね？

小林　逃げた思い出なら、いっぱいあるよ。ラブホテルにひとりで泊まったこともあるし、なぜか、バッティングセンターに逃げたこともあって。でもその時は、隣りのゲージの人たちが『1・2の三四郎』の話をしているんだよ。それはさすがにさ、〈こんなところで俺はバットを振ってる場合じゃない〉って反省したけどね。でも、あれですよ。40歳以降は、そんな火事場のバカ力も出ないし、すっかり**締め切りを守る漫画家になっちゃったけど**（笑）。

Q　一番お気に入りのギャグシーンはどこですか？

小林　うーん、難しいなぁ。最新作の『女子柔道部物語』に絞っていいなら、主人公の神楽えもがアイスクリームを食べながらペコっとするシーン［資料⑥］。なんの意味もないんだけど、そこが好き（笑）。

Q　全作品のなかで一番お気に入りのカットはどの作品のどのページのどのコマですか？

小林　これも、『女子柔道部物語』に絞らせてもらうと、えもがね、練習中に頭にきて道着を投げつけて帰っちゃうシーン［資料⑦］。ちなみに、『女子柔道部物語』は、日本の女子柔道界で、はじめてオリンピックの金メダルを獲った恵本裕子さんが原作者なんだけど、実際の彼女も頭にくると柔道着を投げつけて帰っちゃったんだって。それも1回や2回じゃないらしい（笑）。

Q　全作品のなかで一番お気に入りのキャラクターは誰ですか？

小林　うーん、これも難しい質問だなぁ。でも、あえて言えば、三四郎だろうね。今日話した漫画のキャラ＝役者論でいえば、**三四郎はギャラが違う**って感じがする。ハリウッド映画と邦画の役者へのギ

資料⑥　こちらが『女子柔道部物語』の主人公・神楽えも。近所のおじさんに声をかけられての1コマ。小林氏が語るようにたしかに意味はない。

ャラぐらい違う。ある意味で、一番自然に生まれたキャラだからね。変な話だけど、そんなにいくつも、素晴らしき主人公って作れないですよ。おそらく、本宮ひろ志先生の真の主人公だって『男一匹ガキ大将』の戸川万吉じゃないかなぁ。少なくとも、俺にとっての三四郎は、自分の分身みたいなところがある。当時の漫画の常識的にはあんなキャラはありえなかったんだけど、好きなように描いていいんだと悟れる出来事があったんです。デビューした直後に、校長先生を描いたんだけど、類型的で、いかにもな校長先生にしてしまった。いままでの漫画に出てくるようなね。そしたら、ある編集者から**「これ、つまんないよ」**と言われたの。〈あ、そっか〉と思って。だったら、いままでの諸先輩たちが描いた漫画をなぞるんじゃなく、自分の好き勝手にやっていこうと決めたんです。漫画のセオリーなんて気にせずに好き勝手に。それは、三四郎はもちろんなんですけど、ストーリーに絡んでこないような脇役でも、オリジナルでやんなきゃなと思わされた出来事でした。

Q 想い出深い編集者とのエピソードがあれば教えてください。

小林　これは山ほどあります。いま、パッと浮かんだのは『柔道部物語』の時の担当編集だった秋山さんとの想い出。秋山さんはもう亡くなっちゃったんだけど、当時もかなり年配の人だったんですよ。年配だったんだけど、若造の俺にも付き合ってくれて。昔はね、漫画家のうしろに編集者が張り付いて、あがるのを待ってる感じだったんだけど、秋山さんの場合は、テレビをつけて観て待ってるわけ。で、当時は『クイズ100人に聞きました』という番組が人気だったんだけど、俺が漫画を描いているのに、秋山さんは、その番組のお約束ごとだった**「あるあるある！」**とかうるさいんですよ（笑）。陽気な人でした。あとは、相撲を観て待ってる時もあって、その週の分の原稿を描き終えて次の週の打ち合わせをしようとなったら**「来場所の展開なんだけどさぁ」**って（笑）。

――（笑）。微妙なほめ言葉はありましたか？　森田さんの場合、一番お世話に

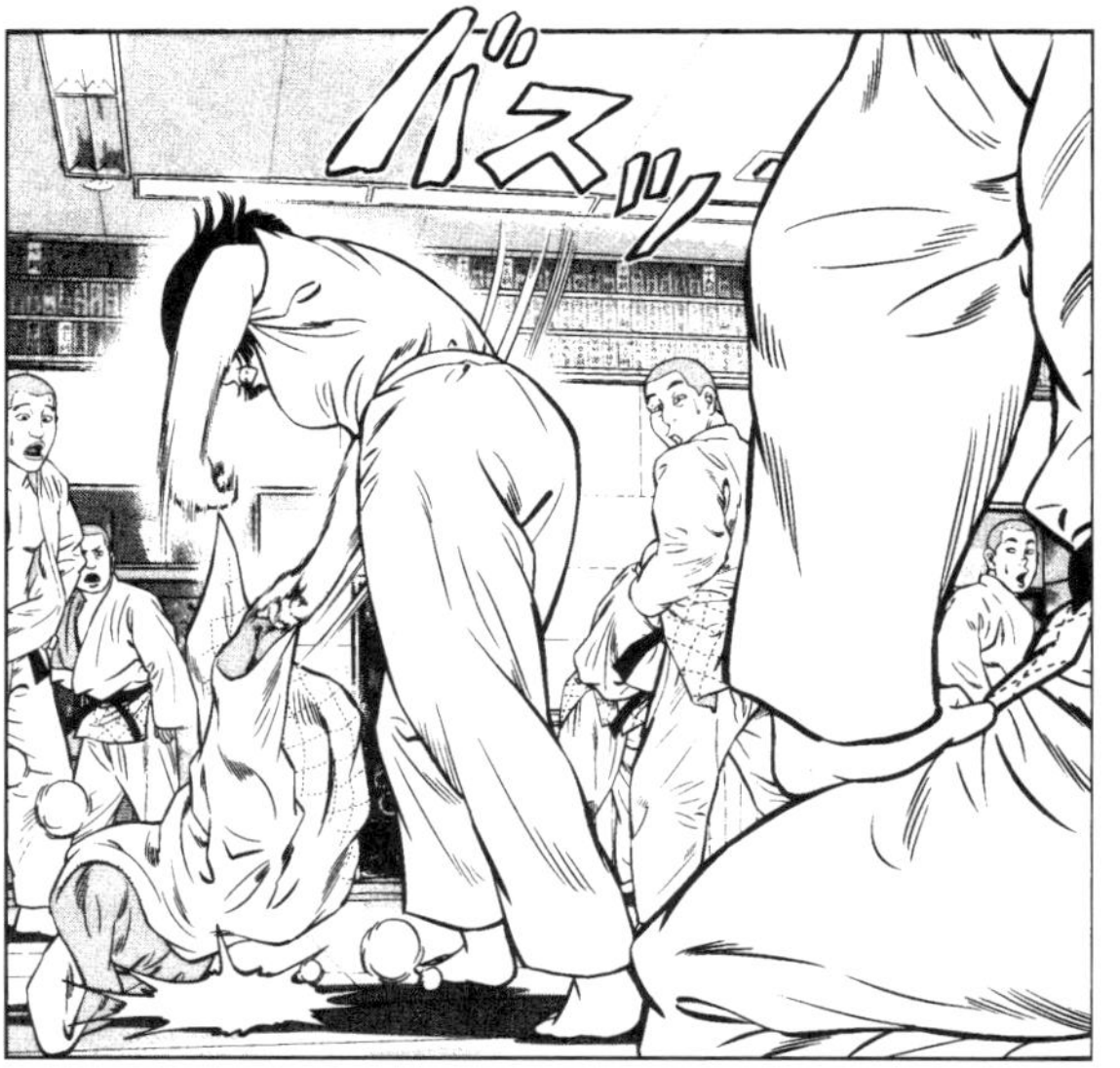

資料⑦　男前な場面にも見えるが完全なる逆ギレ。ただし、初心者であるえもがキレた相手は無差別級の日本代表選手というのがすごい。

なっている編集者最高のほめ言葉が「まぁいいんじゃない」だったそうです。

小林　俺がお世話になった栗原さんという編集者のほめ言葉は「**おもしろくなくはない**」でしたよ（笑）。この人は言うこと全部が名言になっちゃうような男なんだよ。この間も久しぶりに会ったら「いま描いてる漫画が終わったら……」って、こっちはまだ連載中なのに、もはや近未来の打ち合わせをしようとしていたからね（笑）。

――そもそも、漫画家にとっての編集者とはどんな存在なのでしょう？

小林　これはね、**絶対に必要**なんですよ。いなきゃ、描けない。でも、なにもしなくてもいい。けど、絶対に必要っていうおもしろい存在だと思う。ちょっとわかりにくいよね？　俺自身もずっと謎だったの。それがちょっと解けたっぽいのは、黒澤明作品などの脚本家で橋本忍という人の『複眼の映像』という本があって、そのなかに映画『七人の侍』のエピソードが書かれていたんです。初期の黒澤作品は複数の脚本家が共同で書き上げることがあって、『七人の侍』は橋本忍と黒澤明ともうひとりいて。3人でどうやって書いたんだろうと不思議でしょうがなかったんだけど、橋本忍が第1稿を書いて、それを黒澤明とふたりで手直しする。で、**3人目は、いるだけ**なんだって（笑）。一切口出しもせず、分厚い英語の本を読んだりしているだけらしいんだけど、俺は、この3人目がけっこう重要だと思ったんです。もちろん、漫画家にもよるけどね。編集者との二人三脚というか、綿密な打ち合わせが必要な人もいるから。

Q 漫画家をやめたいと思ったことはありますか？

小林　連載デビューして2週間後にはやめたかった（笑）。キツくてキツくて、本当にキツかったんです。『青春少年マガジン』というのに描いたんだけど、当時の漫画界はめちゃくちゃだったから。『1・2の三四郎』では、ふつうの1色原稿よりも進行が早いのに、6週連続カラーだったし、月刊誌でも連載を1本持っていたからね。週刊の『1・2の三四郎』をやりながらだよ。俺、『1・2の三四郎』が終わった**5年ぐらいで連載経験が6本**もあったから。それでちょっと燃え尽きてしまって、『1・2の三四郎』が終わった時に、1回目の引退を企てました。実際は4ヶ月しか休めなかったけど、その間は1枚も絵を描かなかった。「ふつうは不安になったりするもんでしょ？」と聞かれたけど、そのへんは俺、バカでよかったと思って（笑）。4ヶ月間、ずっと楽しかったから。でも、いま振り返ると漫画業界がめちゃくちゃではあったけど、だからこそ生まれるなにかはあったのだと思う。いまの時代も新人漫画家はさ、ガンガンやってほしい。**気が狂うぐらい**に。

――週刊連載の熱でいえば、森田さんは「来週のことは来週考える」だったそうです。

小林　わかるわかる。俺の場合は「**次のコマは次のコマにいってから考える**」だったけどね。1コマ描いて、さてどうしようって（笑）。

作品を作り続けるモチベーションは成り行きです（笑）。

Q　もし漫画家になっていなかったとしたら、どうなっていたと思いますか？

小林　死んでたなぁって。「漫画家になって2週間後にやめたかった」なんて言っておいてなんだけど、俺は、子供の頃から**漫画の漫の字を見ただけでトキメク**ぐらい漫画家になりたかったんです。当時は、そういう時代でもあって、小学生のなりたい職業アンケートの1位が漫画家だったからね。

Q　作品を作り続けるモチベーションはなんでしょうか？

小林　成り行きですね（笑）。全部が成り行きだもん、俺にとって。無理矢理に作ったものがないんです。たとえば、編集者から企画を出されて漫画を描くなんて、俺は本当にダメで。無理。やる気しない。俺、中学生の時の**美術の成績が2だった**のね。なんでかというと、美術の授業ってテーマがあるでしょ？　あれがダメで「こういうのを描きましょう」と言われてもいつもテーマと違う絵を描いていたから先生が怒っちゃって（笑）。そういうちょっとヘソ曲がりなところはプロになっても治らなくて、『1・2の三四郎』で連載デビューしたばかりのど新人がさ、しかも、ありがたいことに「週刊少年マガジン」の表紙を描かせてもらうことになって、ちゃんとデザイナーが考えてきたイメージがあったわけ。なのに、**全部無視して好き勝手に描いて**ハイって渡して。そのデザイナーさん、苦笑いして帰っていきましたから。人としては最低だと思います。

──（笑）。そんな小林さんにとって、いまでも漫画を描くということは好きな行為ですか？

小林　これだけ長く漫画家をやっているともうね、好きとかどうとかではないね。ただ、向上心だけはあって、もっともっと、ゾクゾクする絵を描きたいんです。それでまた、成り行きという言葉で済ませられないほど、**いまは神様からもらったような題材**があるわけで。『女子柔道部物語』というね。読者からしたら主人公のえもが、オリンピックで金メダルを獲ることは知っている。物語のエンディングがネタバレしている。でも、かつての映画ファンだった俺は、設定とかストーリーとかはどうでもよかったわけじゃない？　だったら、ゾクゾクするような芝居と演出が詰まったものを描きたいんだよ。映画を観ながらかっこいいってしびれた、あの高倉健が俺の作品に降りてきたようなゾクゾクする絵を描いてみたいんです。

［べしゃり暮らしと芸人――#1］

芸人対M-1になるすごい大会

見取り図

『べしゃり暮らし』内で描かれている3つのテーマについて、芸人3組が〝べしゃる〟本企画。昨年の「M-1グランプリ2018」で念願の決勝進出を果たした見取り図が思う〝M-1〟とは？

Mitorizu

――言葉のズレとインパクトのあるツッコミを重ねていく漫才が特徴的な見取り図さん。森田先生の作品が好きで、単独ライブのポスターイラストを描いてもらったことがあるそうですね？

盛山　5年前くらいから勝手に森田先生の漫画から拝借して、単独ライブのタイトルを『ろくでなしミトリズ』って付けていて。森田先生にイラストを描いていただきたくて、アホなフリしてお願いしてみることにしたんです。

リリー　当時のマネージャーから数珠つなぎで先生の関係者にたどり着いて。

盛山　直筆で4～5枚の手紙を送ったら描いてくれることになったんです。けど、僕ら、ギャラのことを全然考えてなかったんですよ。当時の吉本の劇場支配人はなんぼでも払うって言うてくれたんですけど、ギャラの話をすると森田先生からの返事がこなくなるんですって。ほかの話やとくるのに……。ほんまに好意で描いてくださったみたいなんですよね。

――実際にお会いしたのは？

盛山　イラストを描いてもらった数ヶ月後、たまたま東京で仕事があった時、森田先生の関係者の方から連絡いただいて会いました。2回目は、昨年の〝M〟の準決勝の日。決勝進出記者会見後、先生のところへすぐ向かったら「ここまでこられたとは感慨深いです」ってしっかりと目を見て、固く握手してくれました。

リリー　握手した時、「これが何億円も生み出した手か！」と感動しました。めちゃくちゃテンション上がりました。

――昨年はじめてM-1のファイナリストとなりましたが、コンビ名を呼ばれた時のことは覚えていますか？

盛山　いままで生きてきて、一番うれしい瞬間でした。めちゃくちゃ言いすぎていいなら、あの日死んでもよかった。

リリー　あの瞬間、ちゃんとした目標がはじめて叶ったなと思いました。

盛山　しかも僕、準決勝のネタやったあと、吐いてしまってたんですよ。

リリー　相方はめちゃくちゃ緊張してて、ネタの最後の1分くらい、ずっと吐きそうやったんです。舞台降りたあとも過呼吸みたいになって。

盛山　〈マジで決勝行ったんちゃう？〉

って思い始めたら、目の前に白い靄がかかって感情がこみ上げてきて。ネタ中、よう倒れんかったなと思いましたね（笑）。

――『べしゃり暮らし』のなかでは、決勝進出発表を待つ芸人を追うドキュメント用カメラの存在を気にして、デジタルきんぎょ・藤川が「よそで飲むわ」と告げるシーンがあります（図**1**）。M－1でも毎回、密着カメラが入ってますよね。

盛山　僕がトイレで吐いてる時も付いてきて「ここはええやろ！」って思いましたよ（笑）。

リリー　正直、落ちた時のカメラってキツいんですよね。悔しくてしゃべる余裕なんてないですから。昨年はうれしかったですけど。

盛山　たしかにな。そういえば、2年前、準決勝で落ちたあと、〝M〟のスタッフさんたちと飲んでからホテルに戻ったんです。ベッドにドーンと腰かけて〈あぁ、終わったか〉と落ち込んでいて、ふと顔を上げたらカメラが構えられてたんですよ。僕がドアを開けた時、一緒に入ってきたみたいなんですけど（笑）。「ここまで付いてくるんか！」と、めちゃくちゃビックリしましたね。

――『べしゃり暮らし』から、もうひとつ。予選で時間オーバーしてしまった上妻が、自分たちのエントリー番号を呼ばれて安堵するシーンがありますが（図**2**）、番号って気になりますか？

盛山　僕はまったく。ただの番号としかとらえてなかったですね（笑）。

リリー　昨年の番号は２１９７やったんですよ。僕は決勝〝に・い・く・な〟と覚えて、決勝に行くと言い聞かせながらやってました。

――決勝へ行くために、ネタの作り方などで変えたところはありましたか？

リリー　作り方は変えてないですけど、昨年1年間で用意したネタは全部、M－1のために作りました。これまではファンサービス用のネタを作ったりもしてたんですけど。

盛山　〝M〟用のネタって寄席だと全然ウケない。完全に競技が違うんですよ。もちろん〝M〟のお客さん、寄席のお客さんどっちにもウケるネタが最強やと思いますけどね。

――さっきから盛山さんの言ってる〝M〟ってM－1のことですよね？　芸人さんはみなさん、そう訳すんですか？

リリー　いや、相方だけです（笑）。

盛山　M－1って呼ぶのが恥ずかしいんですよ。かかってる（※前のめりになってる）感じがあるじゃないですか。昨年の決勝終わって、年明けの1月に2回、単独ライブをやったんですけど、先輩みんなに「鼻息荒すぎやろ？」って笑われましたし。決勝が不甲斐なかったからこそ、そうなってしまったんですけど。

リリー　めちゃくちゃ悔しかったです。

盛山　想定の80％くらいしかウケなかった。やっぱり絶対に死にたないなと、いまは思います。また決勝出たいから。

――ただ、決勝に出たからこそ気づけたこともあったんじゃないですか？

みとりず　盛山晋太郎（1986年１月９日生まれ、大阪府出身）とリリー（1984年６月２日生まれ、岡山県出身）が2007年にコンビ結成。大阪・よしもと漫才劇場を中心に活躍中。詳しいライブスケジュールは、劇場ＨＰ（https://www.yoshimoto.co.jp/manzaigekijyo/）にて確認を。

← *Next Page* ―― **M-1とは?**

M－1決勝バージンを捨てられたというのは大きかった。

――リリー

リリー　M－1って全員が大会自体と戦ってる感じでした。関西の賞レースの場合、優勝を目指すあまり、出場コンビ間でギクシャクするところがあるんです。けど、M－1はトップバッターを引いた僕らに、先輩たちが「がんばってこいよ」って声をかけてくれて。出場コンビ同士の戦いじゃなくて、芸人対M－1になるすごい大会やなと思いましたね。

盛山　どうりでM－1のファイナリストの人ら、仲いいはずやなと。

リリー　戦友になるんでしょうね。

――M－1とはそういう存在であると。

盛山　M－1はM－1という概念でしかないですから。僕ら、関西の賞レースはなんにも獲れてない。けど、M－1決勝に行けば大逆転できる。お笑いで、M－1優勝は一番かっこいい売れ方ですね。

リリー　たしかに。もし決勝出てなかったら一生〈俺らは出られてないから〉って後悔するやろうな。そのバージンを捨てられたのは大きかったと思います。

――では、相方の存在とは？

盛山　お豆腐ですね。ギネスに載ってるジャンボ豆腐。

リリー　それ、俺の見た目やろ？　ほんなら、お前はよく食べる人。しっかりご飯が食べられる人です。

盛山　赤ちゃんか、俺は！　量？　それともスピード？

リリー　ははは！　どっちでもええわ！　まぁ、『べしゃり暮らし』で描かれている相方＝はまぐり理論、世界でひとつしか合う貝がないっていうのは当てはまるのかなと思いますね。楽屋でしゃべってる時、〈こいつもこいつもおもろいけど、

図**1**　『ニッポン漫才クラシック』の準決勝を終えて、決勝メンバーの発表を仲間とともに待つデジタルきんぎょ・藤川。密着カメラの存在が気になり「よそで飲むわ」と告げて店を出ていく。コミックス6巻より。

べしゃり暮らしのM－1①　賞レースの予選では、セリフが出てこないなど予期せぬハプニングに見舞われることも。コミックス16巻より。「想像しただけでこの状況はヤバイ。通ったからいいですけど、ダメやったら一生後悔します」（リリー）

←**M-1とは?**

このふたりが組んでもダメなんやろうな〉と思うこともありますし。超繊細な、なにかがあるんでしょうね。

――最後に、今年の目標をお願いします。

リリー　ニュー見取り図を出すことです。まだ試行錯誤してますけどね。

盛山　昨年のままでは絶対に優勝は無理やとわかったので。昨年のネタもウソではないのでエッセンスを残しつつ、新しさを出せたらなと思って、毎月単独ライブでいろいろ試してるんですけど、出来はゼロか100。盛大にスベった時なんて、サンパウロの街の音が聞こえましたよ。

リリー　地球の裏側やん（笑）。ウケとるなぁって思ったら、その音やったん？

盛山　うん。えらいザワザワしてるなぁって思ってたら、サンパウロの街のバザーの音で。ガヤガヤって音も聞こえたわ。一瞬、グツグツって音も聞こえたんですけど、いま思えばマントル通ってたんやなって。

――（笑）。もちろん、M－1優勝は狙ってますよね？

盛山　口にするのは恥ずかしいですけど、そうですね。コンビ結成15年以内の参加資格がなくなったら……NSCに入り直す？

リリー　ゼロから挑戦できるもんなぁ。

盛山　それくらい、優勝は意地でもしたいものです。なのに、『べしゃり暮らし』は芸歴浅いのに決勝行くやつ、多すぎですよね。

リリー　俺ら12年もかかったのに。簡単に行きやがって！って、読みながらちょっとだけムカつきました（笑）。

『べしゃり暮らし』は芸歴浅いのに決勝行くやつ、多すぎ（笑）。

――盛山

図2　辻本のハプニングから、ネタの時間制限をクリアできなかったべしゃり暮らし。上妻は自分のアドリブ力で挽回できなかったことを悔やむ。そんななか、通過を知らせる自らの番号が呼ばれる。コミックス16巻より。

べしゃり暮らしのM－1②　人気ネタ番組に出演しながら、ネタへの評価が厳しいファンのいる賞レースではまったくウケないことも。コミックス15巻より。「"M"の客は芯食ったおもろいことしてこいよっていう目をしてますからね」（盛山）

［べしゃり暮らしと芸人――#2］

こいつより合う人はひとりもいなかった
コウテイ

ブレイク候補筆頭として注目されるコウテイ。芸歴7年目にして解散2回、喧嘩は数知れず。顔を思い切り近づける漫才スタイルから想像できないほど、仲の悪いふたりにとっての〝解散〟とは？

——最初にうかがっておきたいんですが、現在の相方嫌い度はどれくらいですか？

九条　僕は180……182%です。

下田　なるほどな。僕は100%ですね。

——2回の解散の一番大きな要因はなんだったんですか？

下田　ちょっとした言葉づかいだったり、接し方だったり、小さいことが積もりに積もって爆発した感じですね。こいつは基本、僕のことをナメ腐ってるんで。

九条　僕が注意するのは当たり前のことばかり。なのに、こいつはできへんところも愛せよっていうスタンスなんですよ。

下田　そこは寛容であるべきやろ！

——『べしゃり暮らし』では、賞レースの1回戦でウケなかったことにプライドを傷つけられて、途中で舞台を降りた上妻と相方・辻本がはじめて喧嘩するシーンがあります（図1）。

下田　ふたりが感情的になってるのが伝わりますね。

九条　これは、お笑いについての殴り合いやから、いい喧嘩。僕らとは違います。解散を持ちかけるのはいつもこいつなんですけど、2回とも目に見えへん速さで殴られました。こいつはハンダゴテで鉄を固めて高校卒業できたやつなんで、会話や言葉で喧嘩できない。一方的にためた鬱憤で殴ってくるんです。

下田　……こういうネチネチとした小刀を2～3本投げてくるところがイヤなんですよ。僕は言い返さずに貯めて貯めて、大剣で刺してきただけです。

——とはいえ、2回とも再結成してますよね。『べしゃり暮らし』には、学生時代からの友達コンビ・げんこつロデオというコンビが登場します。父親の借金返済のためにコンビ解散を持ちかけた岩隈に、相方・内川が飄々とかわしながら結束を改めて高めるシーンが印象的です（図2）。比べて、ふたりの関係は？

下田　重なるところはあります。僕は感情的になりがちなんですけど、こいつが冷静でいてくれるから考え直せるところがあるので。

九条　僕はこいつと組んだことに意味があると思っているので。どんな状況になっても組んでいたいので、売り言葉に買い言葉みたいなことはないです。

Koutei

――解散中、下田さんはピンで、九条さんはいろんな人とコンビを組んでいたそうですが、やはりお互いじゃないとダメだったんですか？

下田　そうですね。ピンでやっていけるとは到底思えなかった。

九条　僕もそう。正直、こいつより合う人はひとりもいなかった。ぶつかってしまうのは結局、人間性を知ることをあとまわしにしてしまったからで。僕らはNSCっていう養成所で出会っていて、売れるためにおもしろさを最優先してコンビを組んでいる。で、一緒にいる時間が長くなればなるほど、それまで知らんかった人間性がどんどん見えてきて、そうなると……。

下田　嫌なところのほうが目についてくるよな。一緒にいるうちに、だんだんといいところが当たり前になってくるし。

九条　ほんまにそれですね。けど、こいつとネタをやるとウケるんです。僕らはお客さんに笑ってもらいたいっていう同じ大義がありますし。

下田　いまの発言はちょっと違うなぁ。

――どういうことですか？

下田　僕はお客さんに笑ってもらうことを一番に考えてやってます。けど、こいつは自分のやりたいことをやって、お客さんに笑ってもらいたいやつなんですよ。

九条　たしかに（笑）。僕は自分の思い通りにやりたい。やから、こいつのことは〝最強の小道具〟やと思ってます。

下田　人と思ってないところが腹立つ！

――ただ、小道具だと思われていても、一緒にやり続けてるわけですよね？

下田　こいつの書くネタで、僕が動くとウケるからです。人間性は底辺やけど、ネタはすごい。お客さんが笑ってくれるのが快感で、やめられないんですよね。

――では、ビジネスパートナーとしてのお互いは？

下田　いいっ！　ほんまにすごい！

九条　僕もなにひとつ不満はない。天才的な表現者。頭が悪い分、体を動かすことを究めてるから、スイッチが入った時は誰よりもすごいです。目を退化させて鼻を究めたハダカデバネズミみたいに。

下田　別の言いまわしでもええやろ！　頭が悪いのは、お前に気づかされたことのひとつやわ。わし、頭がキレると思ってたのに。

九条　いや、頭は退化しとる。お前よりスズメのほうが賢いわ。

――（笑）。ふたりの漫才って様式からして斬新ですけど、いろいろと試行錯誤して辿り着いたものなんですか？

九条　最初は正統派漫才をしていて、僕もふつうのツッコミだったんです。けど、正統派はやりたくなかったですし、僕もボケたかった。そこから、こいつとどう売れるかって考えた結果、いまのかたちに広がっていきました。ほんまのことを言うと、もっと変なこともできます。けど、やりたいことをやり続けるだけやと結果が出るかどうかはわからない。時代が追いついてくるのを何年も待てないですし、時代がついてこなくてやめるとい

こうてい　下田真生（1993年5月15日生まれ、鹿児島県出身）と九条ジョー（1994年1月13日生まれ、滋賀県出身）が2013年にコンビ結成。大阪・よしもと漫才劇場を中心に活躍中。詳しいライブスケジュールは、劇場HP（https://www.yoshimoto.co.jp/manzaigekijyo/）にて確認を。

← Next Page

いくら仲がよくてもネタがウケないんやったら、絶対にいまのほうがいい。

――九条

う選択だけは絶対にしたくない。ひどい人間性にもかかわらず、組んでもらってるので、ついてきてくれる相方にも申し訳ないですし。結果に結びつかないと、こいつに対する恩返しにはならないと思っています。

下田　こいつがすごいのは、同じネタでも毎回どこかしら変えるところなんですよ。スベってもいいから新しいことをやろうとする。常に高みを目指せるのでありがたいです。

九条　お世話になってる、とろサーモンの久保田さんに言われたんです。「同じネタをやってると、芸人としての脳が腐る。たとえスベったとしても変えたほうがいい」って。その言葉が、ズドーンと心臓にきました。

――さっきまで人間性にダメ出し合っていたふたりだとは思えません。意見の合致っぷりがえげつないですね（笑）。

九条　むちゃくちゃ太い、ネタっていう1本だけで僕らはつながってます。

下田　それが千切れない！　めちゃくちゃ固いんです！

九条　とにかくオリジナルが売れると思っているので。ピカソの絵はピカソしか描けないし、ダリの絵はダリにしか描けない。やから、僕はダリなんです！

――ダリは九条さんひとりだけ？

九条　こいつはペンです。

下田　ふはは！　けど、いいペン！　いっちばん描きやすいペンやろ？

九条　そうやな。ペンにはペンのプライドがあったか。

――（笑）。世界で1本しかないですし。

舞台と学校一緒にすな！
く……
な……

図1　『ニッポン漫才クラシック』１回戦に出場したきそばＡＴ。だが、まったくウケず、上妻はネタの途中で舞台を降りる。「客が悪い」と頭突きした上妻を、辻本は「舞台と学校一緒にすな！」と殴り返す。コミックス４巻より。

俺は意味あったけどな

図２　学生時代からの友達コンビ・げんこつロデオ。父親の莫大な借金を返済するために解散を持ちかけた岩隈。肩を落とす相方へ、内川は飄々とコーヒーを渡しながら男気ある言葉をかけて結束を深める。コミックス19巻より。

解散とは?

九条　ほんまにそうです。このペンがないと、僕は絵を描けないですね。

——下田さんは以前「M－1で優勝しても九条にありがとうって言えない」と話していましたが、いまはどうですか？

下田　いままでは絶対に心の底から言えへんって思ってたんですけど……。最近は〈わし、ありがとうって言いながら涙流せるんか？　九条と喜び合えるんか？〉に変わってきてます。

九条　あ、そうなん？　絶対って言ってたから変わらへんと思ってた。

下田　そう思えるのは、九条の僕に対する接し方が変わってきたから。険のある言い方をしなくなったんです。

九条　正直、めんどくさなってきたというか。ネタ合わせ以外の言い合いはもうええやろ。早よ売れようっていう気持ちのほうが強くなってきました。

——ふたりにとって一番の大きな目標は、M－1優勝ですか？

九条　そうですね。僕らは亜流の漫才で、正統派漫才ではない。けど、そういうネタでも頂点が獲れる世界にしたいですね。

下田　こいつとしか見られない景色、おもしろさを証明したいです。

九条　そのうえで、師匠方にも認めてもらえるようなネタにもしなきゃいけないのかもしれない。関西にはオール巨人師匠っていう、近づいたら8メートルくらいに見える正統派漫才の王様がいはるんですけど。

下田　ムッキムキなんです（笑）。

九条　いまのスタイルでその方を振り向かせられるのがベストだと思ってるので、今年はそこも目指していきたいですね。

こいつとしか見られない景色、おもしろさを証明したい。

——**下田**

べしゃり暮らしの解散①
理由を聞かないままの解散は後悔を残すことにもなる。コミックス8巻より。「花田は解散を持ちかけられた時、正直な気持ちを話さんかったと。僕なら言います。だって、お笑いはこいつとしかできへんから」（九条）

べしゃり暮らしの解散②
よりよいネタをするために、相方へは遠慮のない指摘も不可欠だ。コミックス6巻より。「コンビならネタに関してはひとつも我慢せず、言い合ったほうがいい」（九条）「僕らは納得いくまで話し合います」（下田）

［べしゃり暮らしと芸人――#3］

相方とはセックスフレンドである⁉

金属バット

昔気質の漫才師風情をかもす金属バット。〝相方〟とは？などのまじめな質問を、するりとかわしていく。示し合わさずとも通じ合う笑いの連携に、テーマの答えは隠されている。

Kinzokubat

——『べしゃり暮らし』では、この世でピッタリと噛み合う相方のたとえとして、はまぐりが描かれてるんです（図1）。

友保　漫画の『ふたりエッチ』みたいで、いいですねぇ！

小林　それより、『美味しんぼ』と間違えてません？　別の漫画の話してます？

——いえいえ（笑）。ふたりなら相方という存在を、なににたとえますか？

小林　セックスフレンドですかね。たとえとかじゃなく、実際そうです。

友保　これ、完全に下ネタなんですけどね、雄ねじと雌ねじです。愛があるから、そういうたとえになりますよね。

——（笑）。そんなふたりは高校で出会ったんですよね？

友保　まぁ、いちおう。吉本の設定やったら、高1で知り合ったことになってます。設定じゃなければ、NSCで知り合いました。

——あれ、そうなんですか⁉

小林　……微妙なウソやなぁ。ほんまっぽいこと言うから信じるやん。

友保　お前が全然とめへんからやで。いま適当に言いましたわ。工業高校でおんなじクラスやったんですよ。

小林　全員、3年までずっと同じクラス。

——信じてしまいました（笑）。どういうキッカケで仲良くなったんですか？

小林　こいつが自慢のラジコン見してくれたとか、たしかそういう感じでした。

友保　せやせや。5人おったかな？　自慢のラジコン見せるために呼んで、「小林くん、ごめんなぁ。4人用やねん」ってわざとハブらせて、こいつが泣いて帰るのを見て笑ってましたね。ふはは！

小林　ただ、この流れやと俺ら、まだちゃんと話してないやん？

友保　ほんまや。まぁ、クラスが変わらないんで全員と話さんとしゃあないんですよ。それでじゃないですかね、仲良くなったんは。

小林　けど、放課後は塾行ってたんで遊ぶ暇なかったし。

友保　俺も親の手伝いしとったからなぁ。

——いままでの話だと、コンビを組むほどの密接さがないような？

友保　ねぇ？　おかしいですね。

——NSCにはなぜ一緒に入ることに？

友保　こいつが急に言い出したんです。

小林　光が見えまして。使命感といいますか、僕がお笑いを変えるしかないなと思ったんですよねぇ。

友保　ウソでもホンマでもダサい！　ただのダサいヤツになってるで、お前。

小林　英雄やろ？

友保　うわぁ、まだダサいやん！

小林　（笑）。僕は当時、美容師に美容器具を売ってまして。暇やったんですよ。1日6回くらい、神社に車駐めてタバコ吸うような仕事で。これ、ホンマです。

友保　仕事中、「いま、なにしてると思う？」ってよう電話かかってきてて。「わかるわけないやろ」って言うたら、「神社に車駐めてタバコ吸うてんねん」って、むっちゃどうでもええことを言うてきました。1回、ビデオ返しに行く言うたら、車に乗っけて連れてってくれたこともありましたね。僕は地元で一番暇しとったから「とりあえず、あいつ呼んどけ」みたいになってて。こいつら友達がいっつも奢ってくれるんで、デリヘルみたいな暮らしをしてましたわ。で、そんなことしてたら、こいつがNSCに行くって言い出したんで、チャンス！　チャンス！と思って乗っかったんです。そん時、家出してたんですけど、入学金がいるから実家へ帰って親に謝ってお金もらいました。

――友達から相方になって、ふたりの関係性に変化はありましたか？

友保　敬語を使うようになりましたし、お米を納めるようになりました。

小林　こいつにはひたすら石を運ばせるようになりましたね。あと、家来になったんで、体罰するようになったくらい。

友保　そうでしたねぇ、小林さん!!

――ウソに加えて、家来という設定まで（笑）。ネタ作りでぶつかることは？

小林　ないっすね。こいつは「はいっ！」しか言わないんで。というか、王様が僕らとは別におって。

友保　ん？　ってことは、お前を倒しても解決せんってことか？

小林　え、倒そうとしてたん（笑）。

――M-1の影響か、4分間のネタでボケ数をどれだけ入れるかみたいなことが言われるようになったなかで、ふたりがやってる漫才はちょっと別のところがあるなと感じます。

小林　そうですか？　教科書通りの漫才をやってるだけですけどね。

友保　NSCで習ったままをぶつけてるだけです。すごい学校なんですよぉ……、ほとんど行ってなかったですけど。朝早くて起きられるわけがないですわ。

――『べしゃり暮らし』では賞レース前、アドリブを入れないように諭されるボケの上妻が納得しながらも、持ち味を最大限に引き出してくれるツッコミの辻本への信頼を口にするシーンがあります（図2）。その気持ちはわかりますか？

小林　僕らは一言一句、そのままやるんで、この気持ちはわからないっすね。

友保　ちょっとでも違うことをやったら、こいつが殴ってくるんでアドリブなんて

きんぞくばっと　小林圭輔（1986年３月６日生まれ、大阪府出身）と友保隼平（1985年８月11日生まれ、大阪府出身）が2006年にコンビ結成。東京・大阪の劇場にて様々なライブに出演中。詳しい出演情報は、チケットよしもとＨＰ（http://yoshimoto.funity.jp）で確認を。

←── Next Page ── 相方とは？

親に芸人してるのがバレてまいました。隠しとったのに。

——友保

入れないです。

——そうですか？　ネタの中には遊びがふんだんに盛り込まれているような気がしますが……。では、この13年間で日の目を見ない日々を相方のせいにすることはなかったですか？

小林　全部、親と客のせいにしてました。

友保　うんうん、僕たちは悪くないよねーっ！って（笑）。すべて世間が悪いと思ってましたね。

——芸人をやめようと思ったことは？

小林　生まれた時から芸人なので、やめるとかではないんですよ。

友保　ダッサぁ～！　ダッサいだけや！

——噂通り、マジメに答えてくれないんですね（笑）。M－1って、言ってしまえば漫才で1位を勝ち取る競技。ふたりが参加料を払って、毎年欠かさず出場しているのが不思議です。世の中に認められたい気持ちはあるんですか？

小林　僕らの意思じゃないんで。審査員の先生にピロートークで「出たら、いい点あげるよ」って言われたから出ているだけです。

友保　そんなカラクリやったんや。決勝に出たら、世界中の子供を笑顔にできるなと思って出てたんですけどね。

小林　いや、あれ立ってるだけでも点はもらえるから。

友保　ほんなら、手ぇ抜いていこ。一生懸命やってて損したわ。

——（笑）。もしそうならば、決勝に何度も行ってないとおかしいですよね？

小林　決勝組のほうが、審査員に尽くしてるんでしょうね。

友保　お前の努力不足やな。もうちょっ

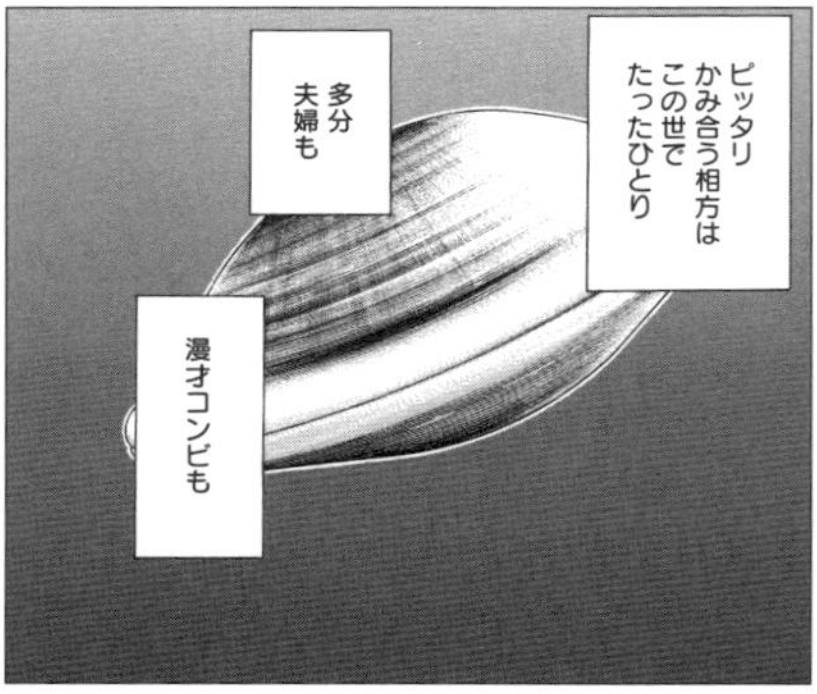

ピッタリかみ合う相方はこの世でたったひとり
多分夫婦も
漫才コンビも

図1『べしゃり暮らし』に度々出てくる相方のたとえ。噛み合う相方はこの世でたったひとり。元芸人・新井の「はまぐりは元の組み合わせ以外、噛み合わない」という話から、辻本は相方について考える。コミックス17巻より。

まあ俺も他の奴が相方だったらもっと慎重にやるかもしんねーけどよ
！

図2『ニッポン漫才クラシック』2回戦前に、不要なアドリブを入れるなとクギを刺す辻本。上妻は納得しつつも、自分の持ち味を最大限に引き出してくれる辻本のツッコミへの信頼を口にする。コミックス16巻より。

←相方とは？

僕らは教科書通りの漫才をやってるだけです。
——小林

とがんばってもらわんとな。

——そんななか、昨年のM－1で準決勝まで進んだ反響は大きかったのでは？

友保　難儀な大会ですわ。僕、親と連絡を絶ってたんです。芸人してるのも隠してたのに、ついにバレてもうたんですよ。おとんが〈うちの息子が吉本で金属バットっていう芸人をやってるんで、どうぞご贔屓《ひいき》に〉って書いた年賀状をこっそり送りまくってて、親せき中にバレてもうて、えらいこっちゃ、です。まぁでも、親せきが増えるのはええことですけどね。

——最近の東京での人気っぷりを見ていると、金属バットさんが13年間貫いてきたスタンスが世の中に浸透してきたのかなと思いますが。

友保　ねぇ？ 世の中が乱れてきてますわ。そろそろ戦争があるんじゃないですか？ まぁ、〝東京に大阪のなにがわかるねん〟とも思ってますわ。ふははは！

——（笑）。じゃあ、13年間、一緒にやってきてよかったですか？

友保　13年間殴られ続けてますけど、まだ骨が折れてないんで、よかったんじゃないですか。ただ、ここからがはじまりです。

小林　骨が折れたら歯向かう気か⁉

友保　筋肉もだいぶ仕上がってきたし、お前の裏にもうひとりおるなら、そいつも倒さなあかんからな。コンビで下克上ですわ！

——小林さんはどうですか。

小林　どうですかね？ まだその答えは見つかってませんね！

友保　わぁ！ よいしょぉ～！

べしゃり暮らしの相方①
お笑いコンビ結成までにも繊細なやりとりが。芸人になる覚悟があるのかを、相手に探ることも。コミックス２巻より。「僕らも王がふたりおるみたいな感じで言い合ったな？」（小林）「王ふたりはヨーロッパみたいでええな」（友保）

べしゃり暮らしの相方②
長年コンビを組むなかで、忘れていたコンビとしての共通認識を再確認するデジタルきんぎょ。コミックス６巻より。「おるんですよね、漫才中に目立とうとして帽子かぶるヤツ。メッシュのキャップはめっちゃダッサいです（笑）」（友保）

Part 3

撮影◎タカハシアキラ

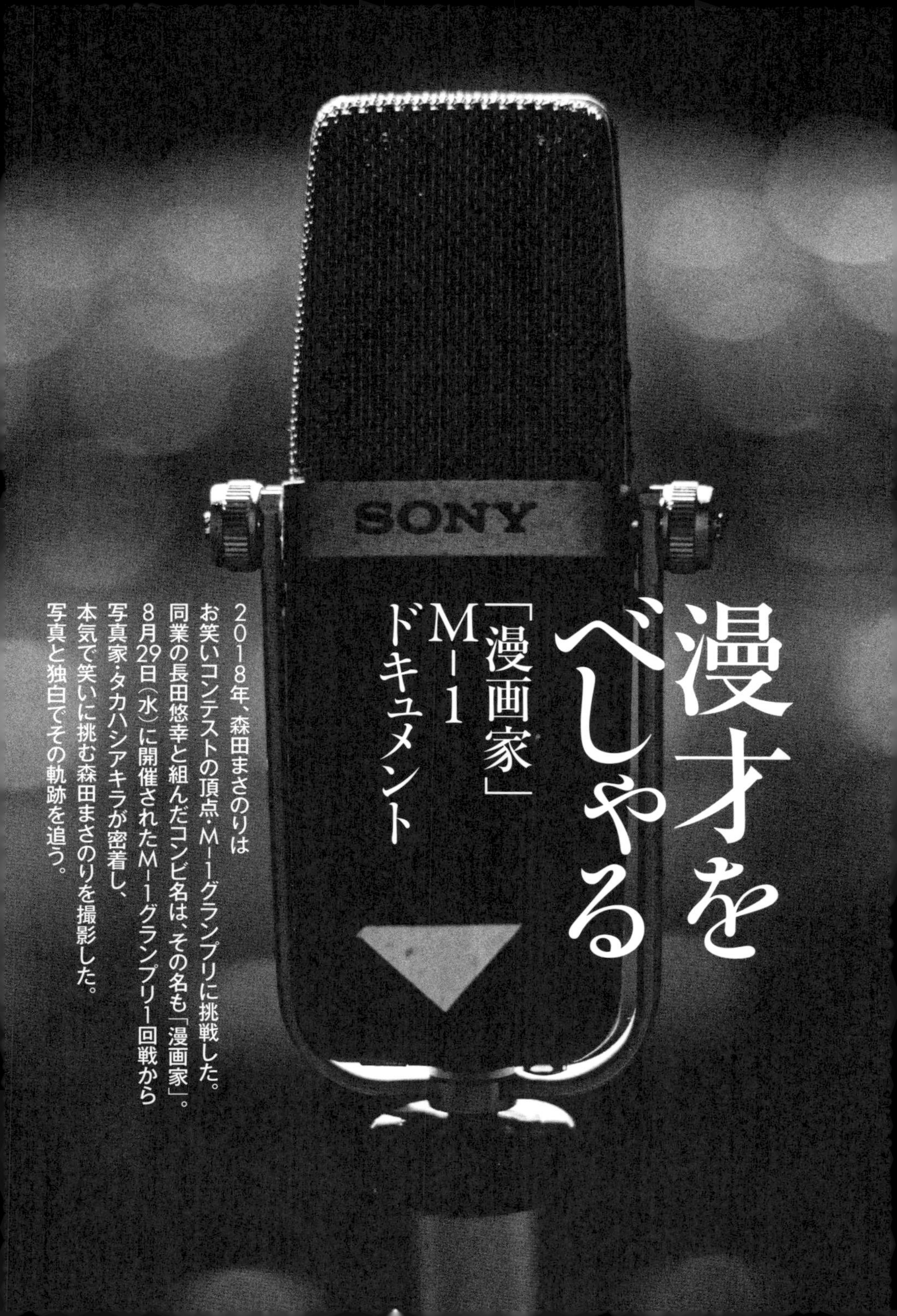

漫才をしゃべる

「漫画家」M-1ドキュメント

2018年、森田まさのりは
お笑いコンテストの頂点・M-1グランプリに挑戦した。
同業の長田悠幸と組んだコンビ名は、その名も「漫画家」。
8月29日（水）に開催されたM-1グランプリ1回戦から
写真家・タカハシアキラが密着し、
本気で笑いに挑む森田まさのりを撮影した。
写真と独自でその軌跡を追う。

2018.
8.29

M-1グランプリ 2018 1回戦

@新宿シアターモリエール

記念すべき1回戦。
「ヤングジャンプ」「プレイボーイ」の担当編集者も
応援に駆け付け、彼らが見守るなか、挑んだ舞台。
緊張もあったが、見事にネタをやりきり
2回戦進出を果たした。

Ｍ－１グランプリ２０１８（以下、Ｍ－１）への予選出場は、酒席のノリでした。

もちろん、出場が決まってからは『べしゃり暮らし』への財産のようなものを絶対に持ち帰ろうと決めていましたが、そのはじまりは〈まさか本当に出場するだなんて〉状態。『べしゃり暮らし』の連載開始は２００５年なのですが、その当時は、担当編集者たちがコンビを組んでＭ－１予選に出場す

る様子を、客席などでリサーチしているだけでしたから。

キッカケは、のちにコンビを組んで相方となる漫画家の長田（悠幸）くん。

「漫画をべしゃる」のところでもお話ししましたが、〈お笑いを扱った漫画で笑いをとるのは難しい〉と考えていた、ある種の固定概念をぶち破ってくれたのが彼でした。『キッドアイラック！』という大喜利を題材とする漫画が本当におもしろくて、それが悔しくて、彼に勝ちたくて、『漫画家大喜利大会』を開催したのも前述の通りです。

なぜ、漫画で笑いをとっていた長田くんという存在が悔しかったのか？

実は僕、とにかく「おもしろい」と思われたいんです。

漫画もおもしろいと思われたいんですけど、もっと根本的にひとりの人間として、おもしろいと思われたい。人としてやさしいとか、かっこいいだとか、スポーツできる、頭がいい……そんなものはなんにもいらない。おもしろいがほしい。『べしゃり暮らし』の登場人物である、るのあーる・梵《そよぎ》が言う「もし才能が売ってたら……借金してでも買いたい……」を「あなたにとってのそれはなに？」と問われたら「おもしろいという才能！」と即答しますから（笑）。もっと、絞り込めば、「べしゃりの才能」がほしい。『べしゃる漫画家』というタイトルの本を出しておいてなんですが、しゃべるということに本当に自信がないんです。雑誌などで何度か対談を経験させてもらいましたが、その帰り道で〈売ってないかなぁ、べしゃりの才能〉と、何度落ち込んだかわかりません。だからこそ、漫才をはじめとする〝べしゃりの達人〟である芸人を尊敬しています。

さて、M－1予選出場のキッカケについて。

ある日突然に、長田くんから漫才のネタができました、とメールがきたのです。

たしかに、『漫画家大喜利大会』の打ち上げの席で、「M－1出ようか？」と冗談っぽく言ってはいたのです。あの大喜利大会は2年連続で開催されましたから、2016年と2017年の2回の打ち上げで2回とも、僕はその冗談を口にしました。とはいえ、長田くんのネタができたメールには、ふたつのびっくりです。〈まさか本気でM－1に出るつもりだとは……〉という驚きと〈なぜ、あなたがネタを書くの？〉という驚き。後者の驚きには説明が必要かもしれません。

実は僕、表現に関しては、全部を自分でやりたいタイプなのです。プロの漫画家として、原作付きの作品は絶対にやりたくないですし（逆はありです。なにしろお話を考えるのが好きなので）、学生時代もそうでした。たとえば、中学の文化祭でのこと。「躍

動」というテーマでクラスごとに1枚の絵を描くことになったのですが、作画担当は僕と石橋くんという友達に決まりました。躍動感のある鶴が舞う絵を、ふたりで描き進めていたのですが、なんか違うんです、石橋くんの鶴が。それで、僕がどうしたかというと、石橋くんの絵を消しちゃいましたからね（笑）。「かわいそう！」と見ていたクラスメートから一斉に非難されましたが「いや、この鶴は違う！」と。人としては最低だと思います。でも、その頃から全部を自分でやりたかった。

なのに、長田くんは自分で書いた漫才のネタでM-1に出ましょうと言う。

ちょっと待ってくれと。いま、引越しで忙しいと。落ち着いてから読みますからと。

長田くんには、そう言い訳をしましたが、いくら引越しで忙しいとはいえ、ネタを読むぐらいの時間はありますよね。実際は、そうやって時間を稼いでおいて、僕もネタを書いていたのです。しかも2本も（笑）。なぜなら、全部自分でやりたいし、長田くんに負けるのは悔しいから（笑）。

後日、お互いのネタを見せあったのが、吉祥寺の居酒屋。長田くんのネタは、漫画家の立場をいかしたもので、僕のほうは、「スマホの持ち方」と「AIスピーカー」という、レ

ベルはともかく、プロの漫才師さんがやりそうなネタ。その居酒屋で長田くんのネタを読んで、ちょっと安心したことを覚えています。〈すっごいのがきたらどうしよう〉と内心でビビりまくっていましたから（笑）。でも、そこまでのものではなく、まぁまぁのネタだった。僕のネタもそこそこだったと思うので、お互い様でしたが（笑）。

その3本のネタを知り合いの芸人である、デスペラードの武井さんに読んでもらいました。「こういうのはふたりにやってもらいたくない」「漫画家さんふたりがやるなら漫画の話をしなきゃ」「お相撲さんの漫才コンビが出てきて、相撲の話をしないと変でしょ？」と的確なアドバイスをいただいて、長田くんのネタをベースに自分たちの漫才を育てていくことに決めました。

はじめて立ち稽古をしたのは、僕の仕事場のエントランス。いまでもその時の動画を保存してあるんですけど、まぁ、ふたりともが、揺れる揺れる（笑）。そして、センターマイクからずれてくずれてく（笑）。観る漫才と実際にやる漫才がこうも違うとは。さらに、声が届かない。漫画のように「わー！」という音が可視化できるとすると、僕の「わー！」はすぐ手前に落ちてしまうんですけど、プロの声量だと、小さな会場なら一番奥の壁に当てられるようなイメージ。やる漫

才の難しさとプロのすごみの一端を知った瞬間でした。ちなみに、ほかにコンビ名は、「漫画家」に決まりました。ちなみに、ほか

に候補だったのが「ツートーン」。紙とインクで「ツートーン」と。でも、武井さんに見てもらった時にネタのタイトルとして書いてあった「漫画家」を「コンビ名、これがいいじゃないですか！」と、武井さんがすすめてくれて、たしかにシンプルでいいかもなぁと。

初舞台は、「週プレ酒場」。「ジャンプ」と同じ集英社の「週刊プレイボーイ」創刊50周年を記念してオープンしていた酒場だったので、知り合いが多く、ウケもそこそこ。でも、その時の漫才では、ネタをとばしてしまうんです。プロの方ならば、客に気づかれずに修正できるんでしょうけど、僕らは「んー、とんだな？」とセリフにしちゃいました（笑）。実際に客前に立つまでは〈ウケるだろうか？〉が一番の不安だったんですけど、週プレ酒場以降に舞台に立つ時は〈ネタがとばないだろうか？〉が最大の不安事項となっていきました。

そして、M-1予選。1回戦のはじまりは2018年8月29日、会場はシアターモリエール。僕たち「漫画家」のエントリーナンバーは1703。

2回戦、10月5日、会場は浅草の雷5656会館。3回戦、10月17日、会場はルミネtheよしもとでした。

2018. 10.5 M-1グランプリ 2018 2回戦

@雷5656会館

舞台にも慣れ始めたなかでの、
浅草での2回戦。
胸中にあったのは
週プレ酒場で行ったはじめての舞台で
してしまった「ネタとばし」。
しかし、見事に2回戦も突破。
「漫画家」の躍進が止まらない。

「ウケることよりも、
ネタがとばないか、
ただただ不安でした」

出番を終えたあとの結果が出るまでの間
お昼を食べにふたりが入ったそば屋は
『べしゃり暮らし』の「きそば上妻」のモデルになった浅草の名店「翁そば」。

M-1グランプリ2018
2 回 戦
M-1
グランプリ
2018
漫才頂上決戦
M-1
グランプリ
2018
漫才頂上決戦

TOILET
1703
LEGO

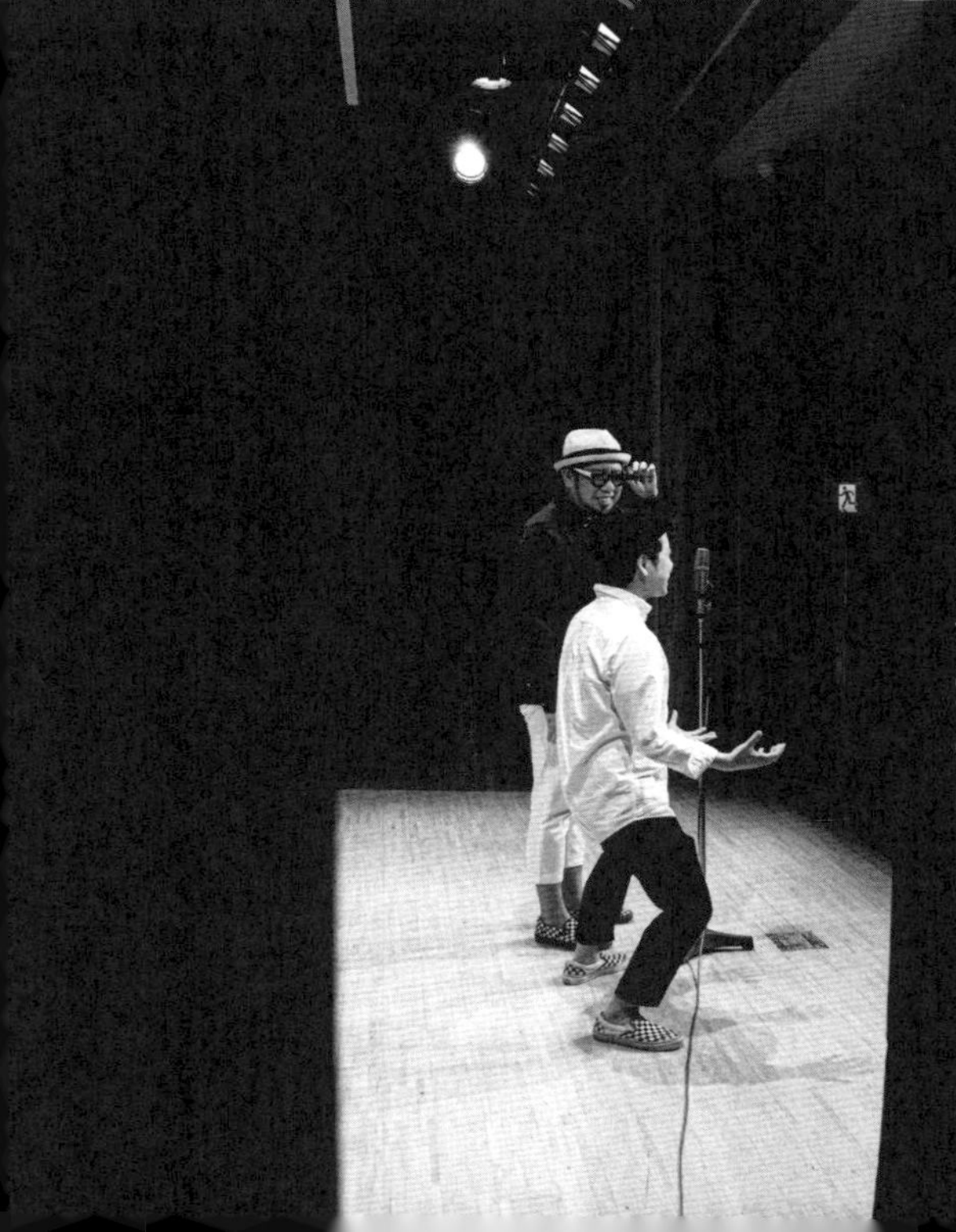

2018.
10.11

笑いの泉

@なかの芸能小劇場

M-1の舞台の間にも
様々なお笑いイベントに参加し、
経験値を積んでいく「漫画家」。
よりネタの質を高めていく。

2018.10.16
プライムライブ
@新宿バッシュ!!

「憧れの舞台・ルミネに立てて本当にうれしかったです」

2018.10.17

M-1グランプリ2018 3回戦

@ルミネtheよしもと

『べしゃり暮らし』にも描き、
森田本人にとっても憧れの舞台だった
ルミネtheよしもと。
いままで以上に
広い舞台に立つ緊張よりも、
ルミネに立てる喜びに心が躍った。

聖地「ルミネtheよしもと」は、それまでの舞台と一線を画す緊張感だった。
舞台袖の芸人たちは、舞台上のネタに耳を傾ける者、深呼吸する者、貧乏ゆすりが止まらない者、
様々な人がいた。楽屋の芸人たちは談笑しながらもどこか心はここにあらず、緊張を必死に隠していた。
客席から聞こえる笑い声のすぐ裏は、「漫才師」たちの異様な緊張感に包まれていた。

SONY
1703

SONY
1703

「ウケた時、本当に『どっ』と笑いの塊を感じました」

3回戦に進めてなによりうれしかったのが、ルミネtheよしもとの舞台に立てたということ。全国に劇場を持つ吉本興業、その東京の拠点で、ふだんは人気者の芸人さんがライブをやっている憧れの舞台。『べしゃり暮らし』のリサーチで訪れたことはあったのですが、舞台に立って漫才ができるという未知の経験に胸が躍りました。

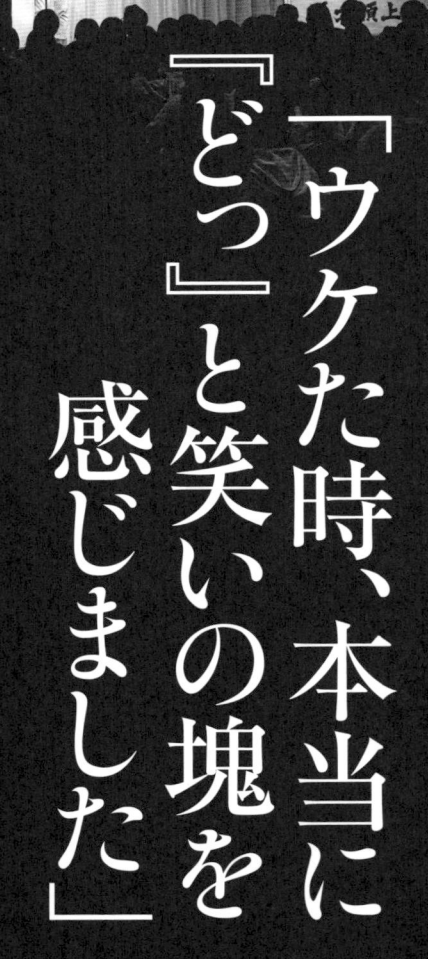

いざ、当日になると、胸が躍るどころか、足がふわふわしっぱなし。人間が極度に緊張すると、本当に地に足が着かない感覚になるのだということを、はじめて実感しました。

最後までネタ合わせをするコンビ。別々の場所で戦いの瞬

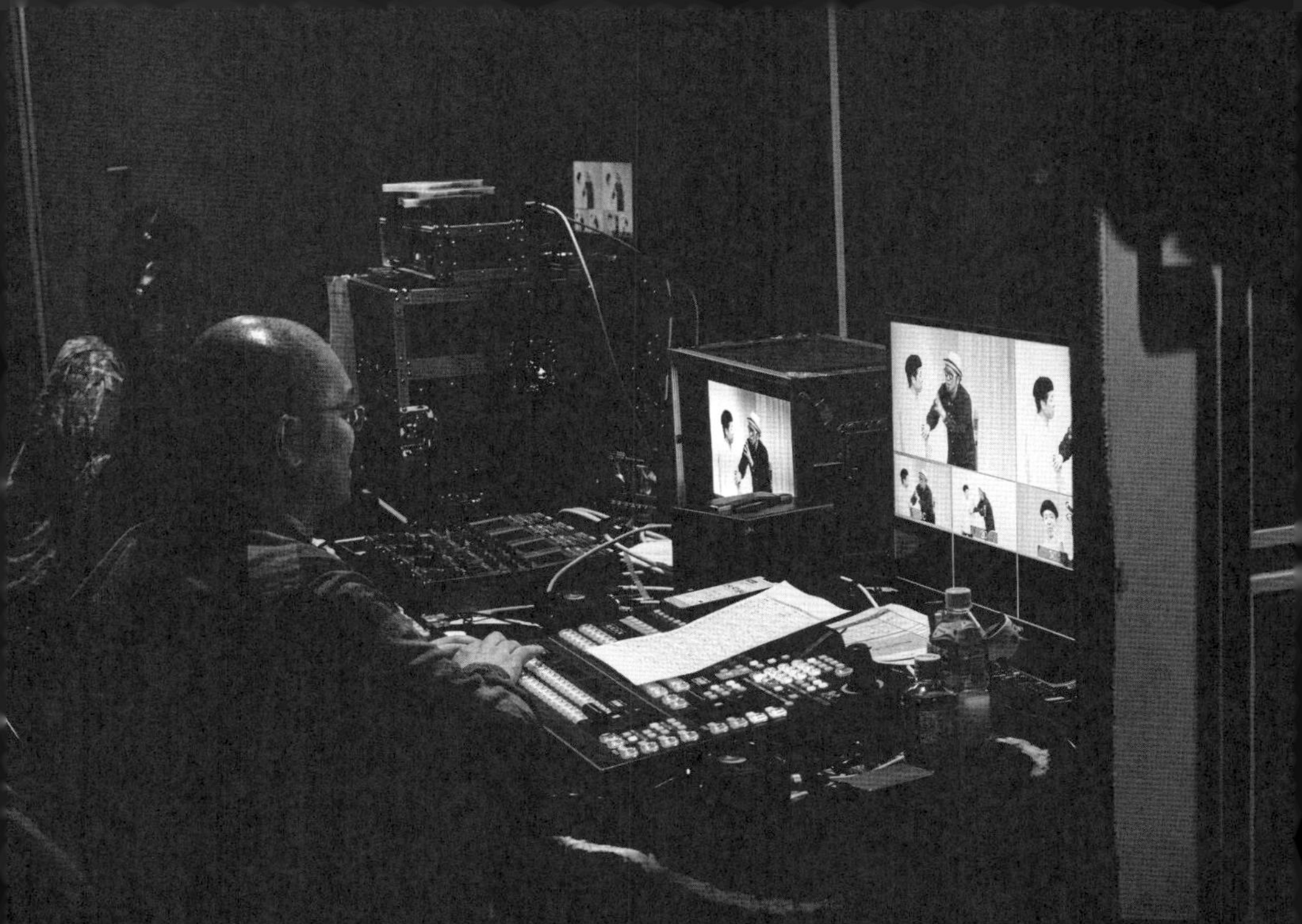

間を待つふたり。出番を待つコンビの様子もそれぞれ違います。僕らは出番の1時間前までネタを合わせました。そして、1703というエントリーナンバーが呼ばれて、ついに僕らの出番です。

「どうも、尾田栄一郎です」

1回戦や2回戦では、そこそこウケていた僕の最初のボケに対する反応が薄い。というか、まったくウケていない。噂には聞いていましたが、ルミネの観客は、ほかの会場とはまるで違いました。おそらく、お客さんは僕のことを知らず、ボケではなくて本当に尾田栄一郎という名前の人物だと思ったのでしょう（笑）。

「違うでしょ！　森田まさのり先生でしょ！」

長田くんがツッコミます。とばさないよう、丁寧にネタを進め、『ROOKIES』のくだりになった時のことです。

「あれ、再放送できへんねん」

僕がそうボケると満員の会場中が「どっ」とウケてくれたのです。客席からの笑いの塊が、ひとつになって舞台に向かって押し寄せてくる感じ。快感でした。『べしゃり暮らし』で圭右と辻本がウケた時などに「どっ」という表現を使っていたのですが、間違っていないと確信できました。まさに、あの感じだったのです。

2018.11.6
M-1グランプリ2018
準々決勝
@ニューピアホール

驚異の準々決勝進出を
果たした「漫画家」。
舞台には慣れてきたはずが、
いままでにないほどの緊張感。
突破はできなかったが、
舞台を降りた
森田の顔にあったのは
「やりきった」充実感だった。

「僕らの戦いは、準々決勝で終わりを告げました。
でも、充分すぎるほど充分な結果です」

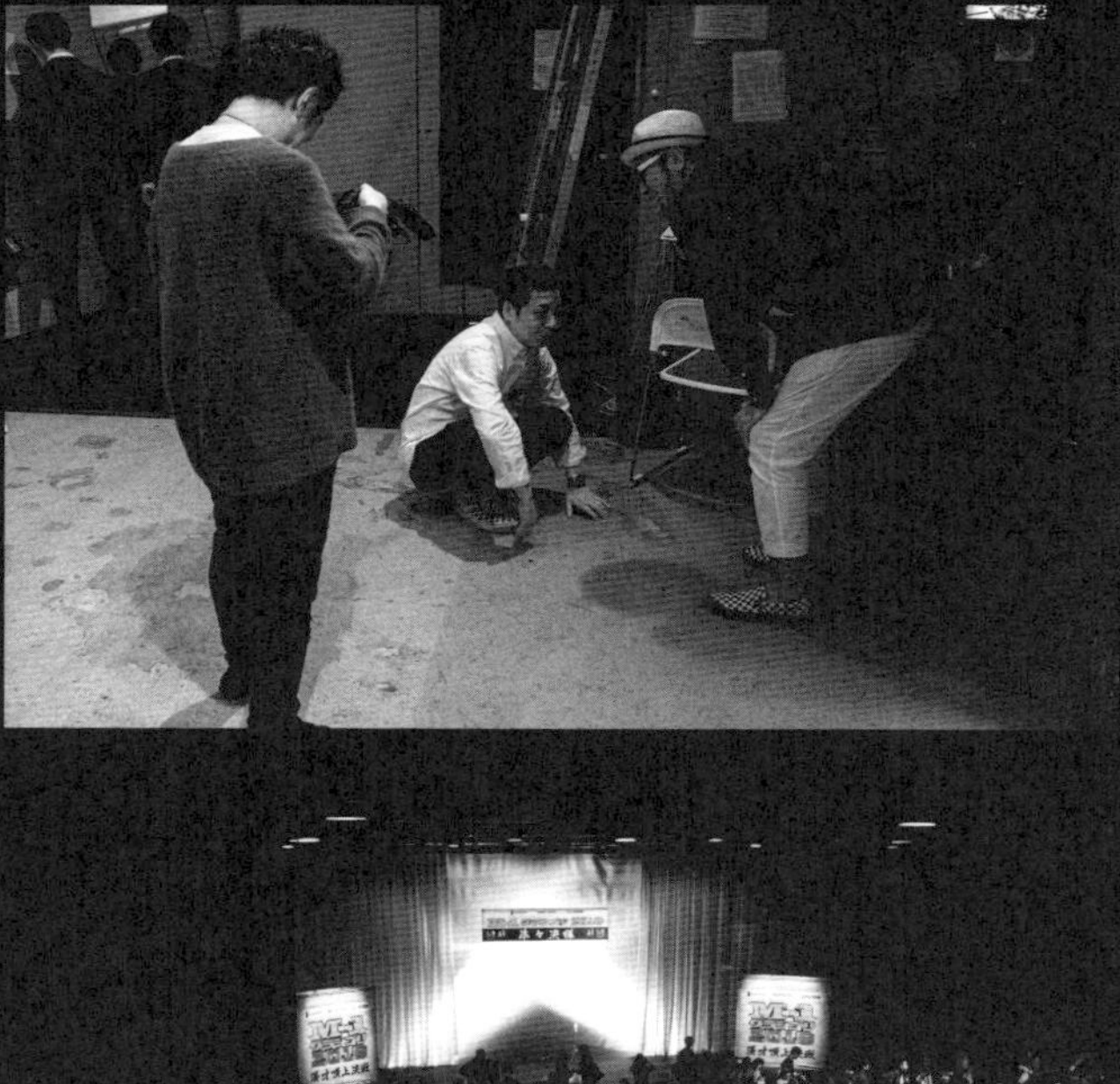

そして、「漫画家」は準々決勝に進出します。3回戦を突破できた時の喜びは、〈まさかまさか〉でした。

準々決勝は11月6日。会場はニューピアホール。

僕らの戦いは、その日で終わりを告げました。でも、充分すぎるほど充分な結果です。3回戦でルミネの舞台に立てただけでもありがたかったのに、準々決勝にまで進めて、のちに「ベストアマチュア賞」までいただけたのですから。

「人生でもっともエキサイトした瞬間はいつですか?」

もし、そう聞かれたなら、僕は迷わず「ルミネのあのボケがウケた瞬間」と答えます。

まぁ、『べしゃり暮らし』を描く漫画家としてではなく、長田くんという相方との「漫画家」としてのM-1予選での経験が「人生最高の瞬間」というのも、我ながらどうかとも思うのですが(笑)。

ライフワークである『べしゃり暮らし』では、M-1をモチーフとするNMC(ニッポン漫才クラシック)決勝の舞台を経て、「プロ編」に突入します。コミックスの20巻を読まれた読者のなかには、気づかれた方もいると思うのですが、NMC決勝の時間軸は2012年。再開はいつの設定になるのでしょうか? 作者である僕はまだ、描くべきテーマを模索している段階ですが、プロとなったふたりが「どっ」とウケているのか、スベっているのか。乞うご期待ください。

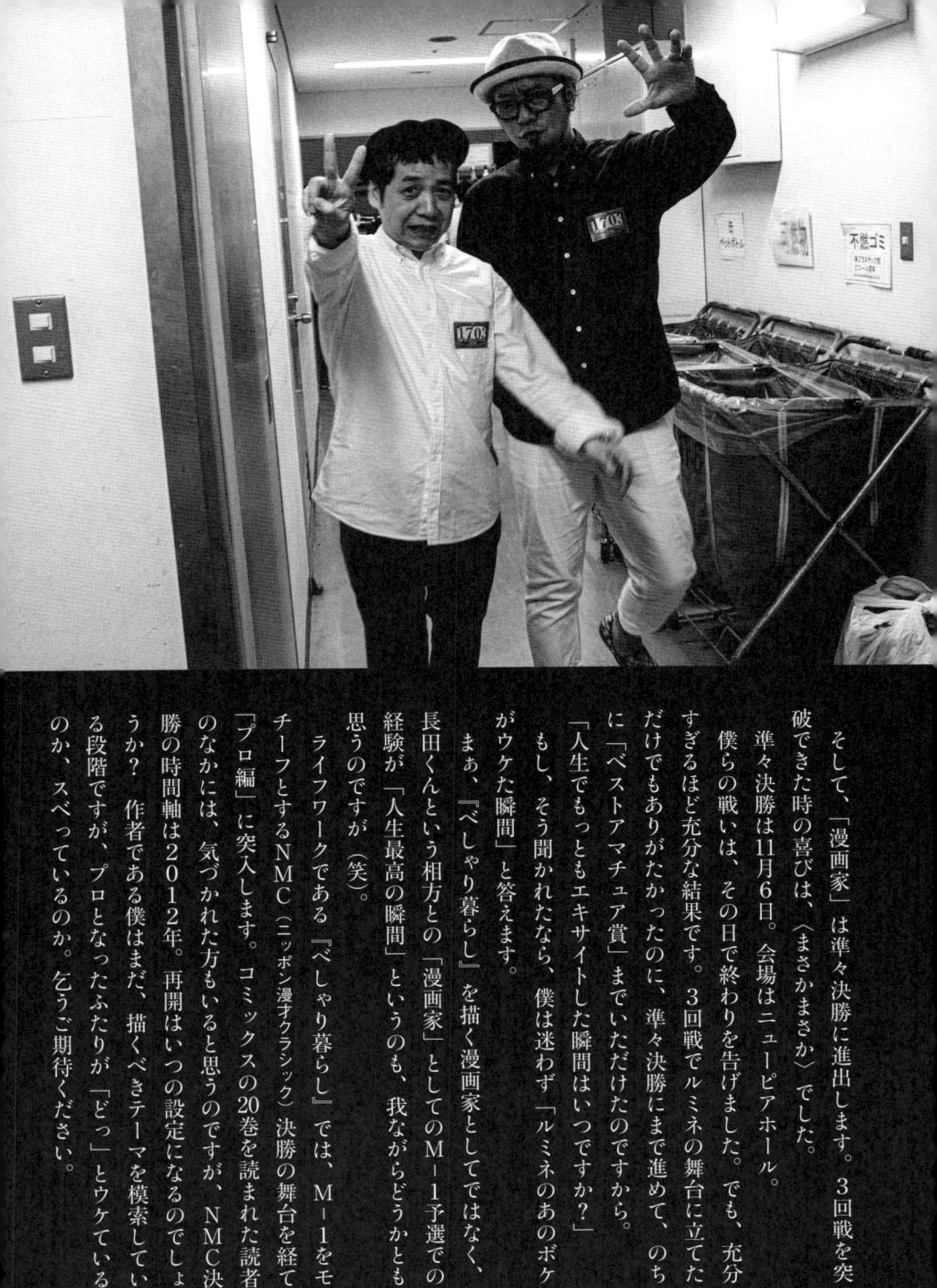

M-1の挑戦が終わったあとも、様々なお笑いのイベント・企画に参加。

焙煎たがい。やデスペラード武井らが中心になり、テキサスやM-1予選の司会を務めたはりけ〜んず新井も参加し、ふたりを労うイベントを池袋で開催。観客100名を沸かした。2018.12.9

イイノホールで開催された「太田プロ月笑ライブ」出演後、『めちゃ×2イケてるッ！』などを手掛けた放送作家の元祖爆笑王とお笑いコンビのトム・ブラウンと打ち上げ。2018.11.12

交流を深めた芸人たちとの時間も、漫画と同じく森田にとってかけがえのないものになった。

「週刊少年ジャンプ」創刊50周年を記念したラジオ番組『サンドウィッチマンの週刊ラジオジャンプ』最終回に出演。貴重な漫画家の裏話で盛り上がり、番組のラストを飾った。2018.11.28

「週刊プレイボーイ」の特集で、トム・ブラウンと対談。M-1グランプリ2018で話題となった2組が、お笑いの話や「合体ネタ」誕生秘話など、多岐にわたって話を広げた。2018.11.28

M-1グランプリ
2回戦

M-1
グランプリ
2018
漫才頂上決

おわりに

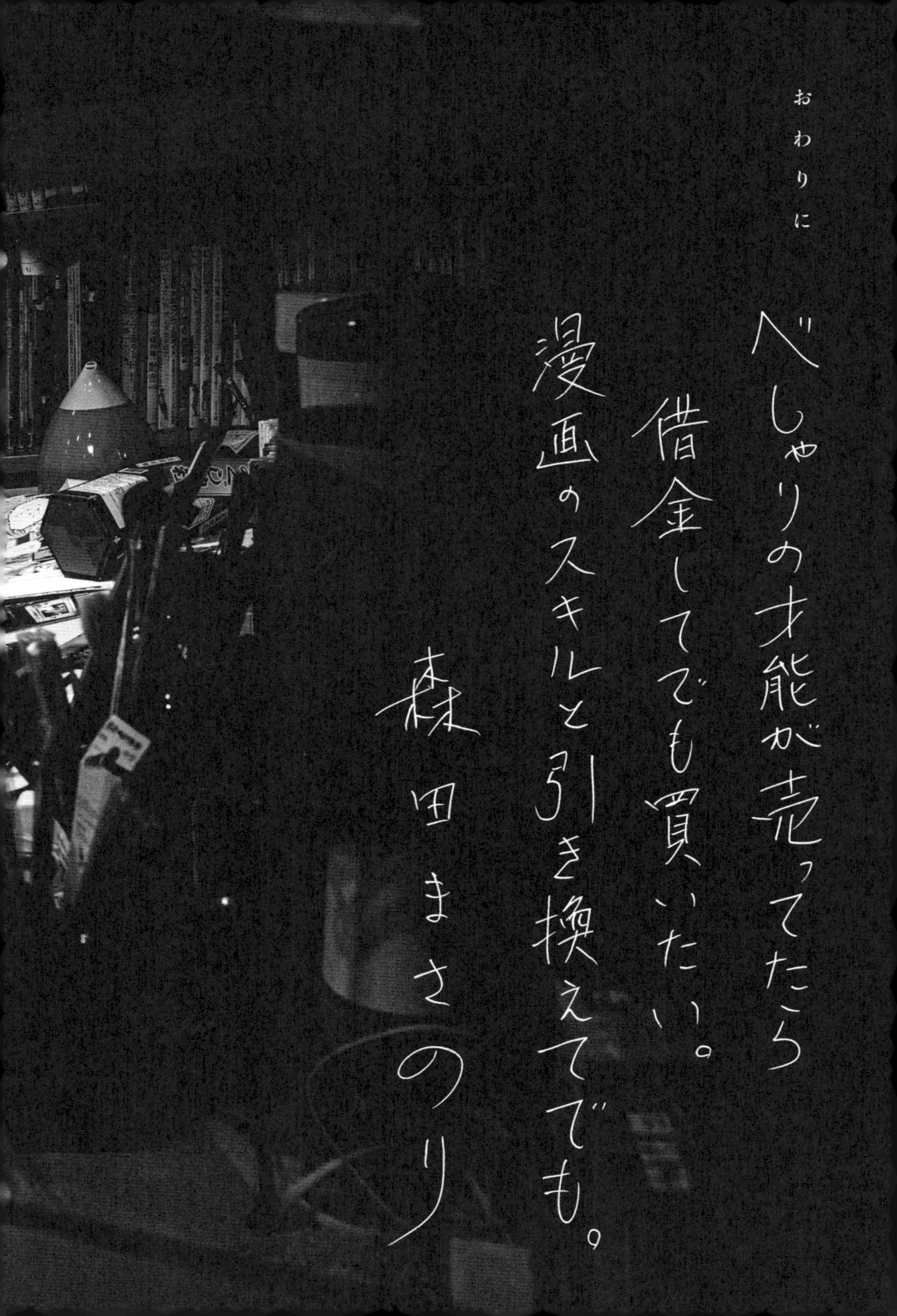

べしゃりの才能が売ってたら
借金してでも買いたい。
漫画のスキルと引き換えてでも。

森田まさのり

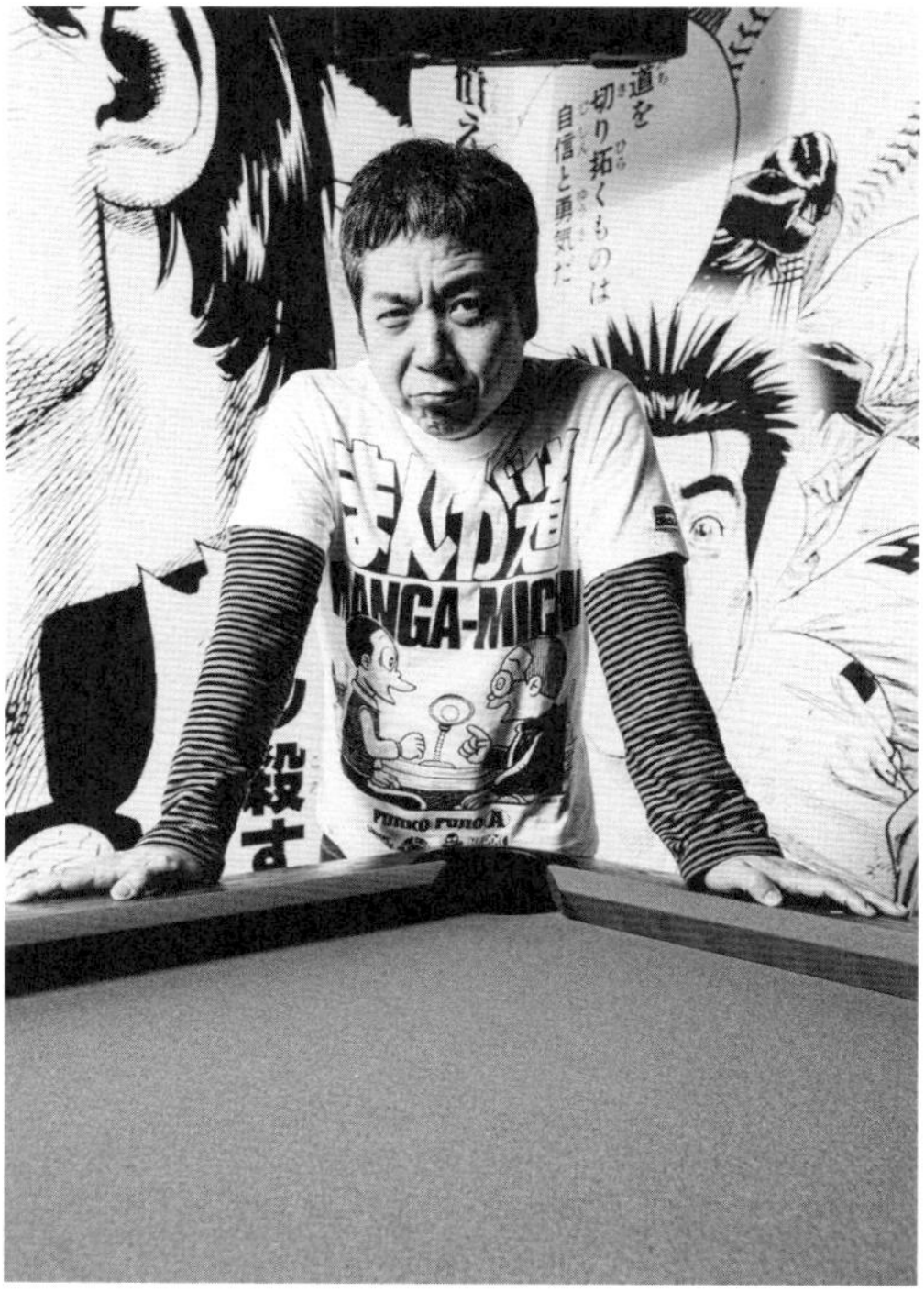

森田まさのり

もりた・まさのり　１９６６年12月22日生まれ。滋賀県出身。１９８７年『ＢＡＣＨＩ－ＡＴＡＲＩ ＲＯＣＫ』にて「週刊少年ジャンプ」初掲載。翌年に連載開始となった『ろくでなしＢＬＵＥＳ』で大ブレイクを果たす。その他、代表作は『ＲＯＯＫＩＥＳ』『べしゃり暮らし』。お笑いにも造詣が深く、２０１８年に「Ｍ－１グランプリ２０１８」に出場。準々決勝に進出し、すべての予選を通して最も上位に進出したアマチュアコンビに贈られるベストアマチュア賞を受賞した。

ブックデザイン　渋井史生（PANKEY inc.）

構成・文　唐澤和也（Punch Line Production）

文（P84–95）　高本亜紀

協力　翁そば
株式会社グレープカンパニー
株式会社ケイダッシュステージ
株式会社ニューススタッフプロダクション
元祖爆笑王
吉本興業株式会社
（五十音順・敬称略）

校正　鴎来堂

編集　宮崎幸二・春内遼（集英社）

べしゃる漫画家《まんがか》

２０１９年９月24日　第１刷発行

著　者　森田《もりた》まさのり　タカハシアキラ

発行者　茨木政彦

発行所　株式会社集英社
〒１０１－８０５０　東京都千代田区一ツ橋２－５－10
電話　編集部　０３－３２３０－６１４３
　　　読者係　０３－３２３０－６０８０
　　　販売部　０３－３２３０－６３９３（書店専用）

印刷所　大日本印刷株式会社

製本所　加藤製本株式会社

定価はカバーに表示してあります。

ISBN978-4-08-788026-7 C0095